Come*fare*

ALBERTO DE MARTINI

PERCHÉ GLI UOMINI SONO STRONZI E LE DONNE ROMPICOGLIONI

MONDADORI

Perché gli uomini sono stronzi e le donne rompicoglioni
di   Alberto De Martini
Collezione Come*fare*

ISBN 978-88-04-60127-2

© 2010 Arnoldo Mondadori Editore S.p.A., Milano
I edizione maggio 2010

INDICE

PERCHÉ GLI UOMINI SONO STRONZI E LE DONNE ROMPICOGLIONI

INTRODUZIONE

La delirante ambizione di questo libro non è alimentare il dibattito sulle differenze tra uomini e donne, ma porvi fine.

A stimolarla sono stati quei lunghissimi e noiosissimi saggi dei vari psico-socio-antropologi che mi sono sorbito quando ancora mi ostinavo ad affrontare la questione con gli occhi innocenti di chi vuole imparare da altri.

Mentivo a me stesso. Avevo vissuto abbastanza per sapere esattamente come stanno le cose, ma la deformazione psichica prodotta dai miei studi umanistici mi induceva a dubitare sempre, a pormi libero e vuoto di fronte al sapere degli studiosi.

Balle. Gli intellettuali professionisti agitano il cervello in una giungla di tesi contrastanti e hanno il solo obiettivo di imporre la propria.

Insomma parlano *tra* loro e *per* loro.

Per fortuna l'ho capito in tempo, prima di essere risucchiato dal loro vacuo parlottio.

Una mattina, dopo l'ennesimo sfogo con un esponente del mio sesso, incrociai il mio sguardo in uno specchio della toilette aziendale e mi dissi: "Di quanti altri futili discorsi come questo, sommati ai miliardi di brontolii dello stesso tipo avvenuti tra i maschi e tra le femmine del genere umano, avrai bisogno per capire, ma neanche, *mentalizzare* una verità così lampante ed elementare?". E allora forza, pensala e dilla, così come ti viene, anzi, così com'è:

GLI UOMINI SONO STRONZI.
LE DONNE SONO ROMPICOGLIONI.

La vera sorpresa però fu la seguente: questa semplice ma interessante constatazione, lungi dall'essere un punto d'arrivo e di riposo per la mia curiosità speculativa, funzionò al contrario come stimolo irrefrenabile a rivedere tutta la linea di confine fra i due sessi, proprio alla luce di quella nuova, folgorante chiave interpretativa.

Ecco, questo libro è il racconto della travolgente, inebriante galoppata razionale alla conquista di un territorio che, al semplice passaggio, si trasformava via via da uno dei più intricati e misteriosi a uno dei più ordinati e solari, a beneficio e conforto prima di tutto mio, ma, mi auguro, d'ora in avanti, anche vostro.

Non mi sfugge, cari cervelli fini, che siamo in tempi nei quali stabilire confini netti e precisi fra i due sessi profuma di arcaismo e di ingenuità, se non di dabbenaggine. Ciononondimeno molti di noi continuano a vivere in condizioni di banale normalità eterosessuale, sperimentando quotidianamente differenze psicologiche e comportamentali fra uomini e donne comuni. Questo libro è apparentemente dedicato a tali esseri un po' superati ma ancora numerosi.

Dico "apparentemente" perché, in realtà, dietro alle parole *uomo* e *donna* tutti possono facilmente decifrare il *maschile* e il *femminile* che alberga in ognuno in misura diversa e irripetibile.

Questa avvertenza mi permetterà di evitare noiosissime digressioni *politically correct* sui modi liberi e insindacabili di interpretare la vita al maschile o al femminile da parte di omosessuali, transessuali, ermafroditi, misogini e transgender, a cui va tutto il mio ovvio e naturale rispetto. Sono anzi convinto che, superato questo banale fastidio nominalistico, tutte le categorie sopraccitate troveranno il mio testo ricco di spunti utili alla convivenza con il loro genere complementare. Quale che sia.

Seconda avvertenza. A supporto della mia tesi intervengono praticamente tutte le acquisizioni antiche e recenti delle scienze che si sono occupate dell'argomento: storia, psicologia, sociologia, antropologia, paletnologia, medicina, andrologia, ginecologia, per citarne alcune. Se sentite il bisogno di ulteriori conferme accomodatevi pure, non avrete che l'imbarazzo della scelta.

Infine, vi anticipo una delle vere leccornie contenute nel libro: il compendio dei nuovi principi della diversità. In realtà, all'inizio della mia stesura questa chicca non era prevista. È stato proprio scrivendo e pensando che mi è sorta l'idea di fissare in forma sintetica, sistematica e, lo ammetto, a tratti solenne, le acquisizioni che in un crescendo impetuoso andavano assommandosi nella mia mente e, subito dopo, nel mio testo.

Così, troverete i nuovi principi disseminati fra i capitoli, là dove la logica del ragionamento li ha plasmati. Ma se non resistete, potete leggerli d'un fiato, nella tavola riassuntiva a fine testo.

E adesso incamminatevi. Come vi invidio!

1. IL PRIMO UOMO, LA PRIMA DONNA

Lui era un *Homo sapiens* bello solido: chioma abbondante e disordinata, gambe grosse e ricurve, sguardo primitivo. Viveva con lei e due pargoletti pelosi in una bella grotta a fianco di un torrente brulicante di trote e carpe grosse come conigli.

Lui adorava catturarle con le mani sfruttando la sua fulminea abilità, ma siccome era un uomo che cominciava ad avere un bel chiletto e mezzo di cervello, ogni giorno ne inventava una nuova per ridurre lo sforzo e migliorare il risultato.

Non che lei se ne stesse chiusa in grotta tutto il giorno. *Donna sapiens* aggiornata ai tempi, non di rado si infilava fra i rovi o si arrampicava sui banani per mettere insieme cenette ben bilanciate fra proteine del pesce e vitamine della frutta.

Quella sera, lui era letteralmente elettrizzato dalla sua ultima trovata. Da tempo aveva notato che più il torrente si stringeva, più era facile beccare i pesci che si accalcavano rallentando come i passeggeri per salire sul bus. Purtroppo però, la strozzatura più vicina si trovava a notevole distanza dalla grotta. Perciò, con un autentico lampo di genio, decise là per là di creare con i sassi una strozzatura sperimentale. Se avesse funzionato, l'avrebbe poi riprodotta nel tratto di torrente che lambiva la grotta, con ovvi vantaggi di carattere logistico: costi di trasporto, stoccaggio, catena del freddo e così via.

Lei nel frattempo cominciava a guardare fuori pensando di scorgerlo da un momento all'altro, ansiosa di mostrargli un raccolto particolarmente copioso e colorato.

Lui, però, era in visibilio. La strozzatura stava dando risultati pazzeschi, e il suo orgoglio di inventore gli procurava gemiti di piacere, ulteriormente stimolati dal ritmo tambureggiante delle catture.

Quando rientrò in grotta raggiante come un bambino, con un sorriso che gli incurvava la prominente scucchia da cavernicolo, lei era giustamente arrabbiata: i due piccoli avevano pianto per la fame e ora stavano per addormentarsi stravolti sul loro pagliericcio accontentandosi di succhiare qualche gustoso lombrico.

Lo squadrò inviperita e gli indirizzò un grugnito di disapprovazione che suonò più o meno: *Aaah-tam!*

Lui sapeva perfettamente che il suo dovere trasformato in gioco, seppure molto promettente sul piano industriale, gli aveva preso la mano, ma il suo orgoglio gli impedì di ammetterlo anche a se stesso. Così rispose al grugnito di lei con uno altrettanto veemente e spontaneo che suonò più o meno: *Eeee-waah!*

La tradizione, spesso benevola nei confronti della realtà, trasformò quei versi nei nomi dei primi esseri umani ufficialmente riconosciuti. Ma dimenticò i loro significati originari:

ADAMO = STRONZO
EVA = ROMPICOGLIONI

2. SGRIDARE
LE ONDE

Uomini stronzi e donne rompicoglioni. Non vi illudete, oppure non vi preoccupate: non sprecherò una sola riga per dimostrare questa lampante verità. Potete farlo da soli. Domani, chiedete a dieci donne di assegnare un aggettivo agli uomini, e a dieci uomini di attribuirne uno alle donne. Anzi, non fatelo: sapete come me che cosa vi risponderanno, e alla fine di un noioso e ripetitivo questionario, avrete ricomposto il titolo di un libro che, per di più, avete già comprato.

Insomma, non mi impegnerò a dirvi perché è vera una cosa così ovvia, non ne vale la pena. Vi racconterò invece come è successo, cioè che cosa ha determinato e continua a determinare questa differenza essenziale fra i nostri sessi e che cosa ci ha impedito per migliaia di anni, attraverso tutte le civiltà anteriori a questo libro, di riconoscerla in modo univoco, universale e definitivo.

Vi anticipo (e vi prometto) che ciò che proverete alla fine di questa lettura sarà un grande sollievo. Di che tipo? Be', per descriverlo ricorrerò a due storielle. Una è una vecchia barzelletta. L'altra è una storia vera.

Cominciamo dalla barzelletta.

Un signore confida a un amico che andrà da uno psicoanalista perché a trent'anni si fa ancora la cacca addosso. Dopo qualche tempo i due amici si incontrano di nuovo. Alla domanda se l'incontinente ha superato il suo problema, questi risponde sorridente di sì, che l'ha superato. L'amico si rallegra e formula un'ulteriore domanda che appare retorica: "Allora non te la fai più addosso?". La risposta, inattesa quanto lineare, è: "Sì, ma non me ne frega niente".

Problema innegabilmente superato. Il problema con se stesso, naturalmente. E così sarà anche per voi. Infatti, continuerete a essere stronzi, se siete maschi, e rompicoglioni, se siete femmine, ma non reagirete più a questa condizione con quell'approccio negazionista, stressato e malafedoso che adottate da sempre.

Semplicemente, accetterete la cosa con la stessa serenità con cui avete accettato di avere i capelli di un castano insulso o la erre moscia. Non un problema, ma un fatto.

Dicesi infatti problema un quesito avente una o più soluzioni. L'appartenenza al vostro sesso, e quindi il possesso del requisito incorporato (stronzaggine o rompicoglionità), non è risolvibile in alcun modo: anche il cambiamento di sesso, unica apparente via di uscita, porta infatti soltanto all'acquisizione del requisito opposto. Quindi, non avendo soluzioni, la questione non va annoverata nella categoria dei problemi.

E passiamo alla storia vera. Una mia conoscente dotata di una forte vocazione al comando, quando aveva tre anni usava ergersi impettita sul bagnasciuga e, puntando il dito diritto verso il mare, rimproverava le onde che osavano spingersi fino a lambire i suoi piedini, intimando loro di smettere immediatamente. Ecco: è esattamente ciò che fate voi quando date dello stronzo a un uomo, o della rompicoglioni a una donna. Sgridate le onde.

D'altra parte, se dalla barzelletta avete capito che la vostra condizione di stronzi o di rompicoglioni, in quanto inalienabile, non è un problema per voi, perché mai dovrebbe essere un problema per un essere opposto e simmetrico a voi? E se non è un problema, perché continuate a dirgli che lo è?

Ecco: questo libro vi insegnerà a smettere di sgridare le onde e a fregarvene di fare la cacca nei pantaloni.

Ci state?

3. TRANSITIVE
E INTRANSITIVI

La difficoltà a cogliere ciò che è sotto i nostri occhi è spesso frutto di un'eccessiva superficialità. Perciò non spaventatevi dello scioglilingua del titolo: per prendere atto della esatta e diversa natura degli uomini e delle donne bisogna compiere lo sforzo iniziale di non considerare sinonimi i due termini *stronzo* e *rompicoglioni*.

E allora, per un attimo, approfondiamo. Perché uomini e donne scelgono così spesso proprio questi due aggettivi per definirsi a vicenda?

La differenza essenziale fra i due termini ha a che fare con le proprietà transitiva e intransitiva.

In un certo senso, infatti, pur non essendo verbi ma aggettivi (benché spesso sostantivati: "quella rompicoglioni", "quello stronzo"), il primo appare dotato di proprietà transitive, il secondo è invece un termine, un concetto intransitivo.

Mi spiego.

La parola *rompicoglioni* è composta da un verbo (*rompi*) e un sostantivo che funge, in pratica, da complemento oggetto.

Quindi rompicoglioni è "transitivo" perché l'azione *rompere* compiuta dalla donna transita su un complemento oggetto, che sembrano due, i coglioni, ma generalmente è uno: l'uomo.

Il rompicoglioni ha quindi una necessità ontologica dell'altro, senza il quale egli, o meglio, ella, non può agire e, dunque, nemmeno esistere come tale.

La mia tesi è che, per queste ragioni, il termine *rompicoglioni* rispecchi e rappresenti l'essenza del genere umano femminile, la donna in quanto *essere che si realizza nella relazione*. Mentre l'accezione negativa del termine rispecchia e rappresenta perfettamente la percezione che ha l'uomo della donna: *un essere che si realizza in forme di relazione ipertrofico-ossessive*.

Al contrario, *stronzo* è parola intransitiva.

Il suo significato originario è infatti una porzione o un segmento di feci che di per sé non compie alcuna azione direttamente e volontariamente rivolta a un altro essere o entità.

Ai fini della nostra analisi sarà utile a questo punto notare che gli inglesi, ma soprattutto *le* inglesi, per esprimere lo stesso concetto hanno scelto una parola alquanto prossima, almeno dal punto di vista geo-anatomico, a quella italiana.

La parola è *ass-hole*. Letteralmente: buco del culo.

Vi invito ora a individuare con precisione il carattere comune dei due termini che segnalano spregevoli individui, prevalentemente di sesso maschile, di popoli fra loro lontani.

Indubbiamente ve ne sono di vario ordine:

1. ESTETICO
2. FISIOLOGICO
3. CROMATICO

Nessuno di questi tratti comuni sembra in realtà adatto a collegare i due termini conferendo loro un'accezione così negativa.

Per quanto riguarda l'aspetto estetico, certo non ci troviamo davanti a due paradigmi di bellezza. Ma sono altri i termini comunemente utilizzati per esprimere bruttezza: mostro, cesso, cozza, per fare alcuni esempi.

L'aspetto fisiologico accomuna i due termini in quanto partecipi di uno stesso atto, la defecazione, che però, in sé, non ha proprio nulla di cattivo. Al contrario!

Quello cromatico poi, appare del tutto irrilevante: perché mai due entità che svariano dal nocciola al testa di moro dovrebbero essere per questo deprecabili? Allora che dire del legno di tek o del chicco di caffè?

La soluzione sta quindi in un quarto elemento, che in effetti balza subito all'occhio. Anzi, al naso. Ma certo: la puzza!

Entrambi, diciamolo con indulgenza, *tendono* a puzzare. E di che cosa è metafora questa simpatica qualità? Per scoprirlo bisogna associarla alla prima caratteristica individuata nello stronzo, e cioè quel suo starsene per conto proprio, in disparte, che è tipico anche, chi può negarlo, del suo collega Buco del Culo.

Quindi: due cose che *puzzano, stando per conto loro.*

Benissimo, ci siamo. Proprio questa definizione, raggiunta con l'aiuto della perfida Albione, ci consente finalmente di capire perché sia stato selezionato dalle donne il termine *stronzo* per definire l'essenza degli uomini maschi: un percorso, a ulteriore conferma della nostra tesi, perfettamente simmetrico e speculare rispetto a quello che ha condotto gli uomini a adottare per le donne il termine *rompicoglioni.*

La natura intransitiva del termine infatti rispecchia e rappresenta perfettamente l'uomo/maschio in quanto essere che *non si realizza nella relazione.* Mentre l'accezione negativa del termine, insomma la sua puzza, rispecchia e rappresenta perfettamente la percezione da parte della donna dell'uomo in quanto *essere che si realizza nella propria sistematica, intollerabile volontà di mantenere le distanze dal prossimo, sottraendosi agli impegni della relazione.*

Insomma, nel definire le donne "rompicoglioni", gli uomini le accusano di essere troppo transitive. Cioè troppo rivolte, attente, concentrate sui loro partner.

Nel definire gli uomini "stronzi", al contrario, le donne li accusano di essere troppo intransitivi. Cioè troppo rivolti, attenti, concentrati su se stessi e perciò determinati a prendere e mantenere una buona distanza dal prossimo (valorizzazione della puzza!).

E adesso ricordatevi la lezione delle onde: non schieratevi, non giudicate. Ci sono pro e contro a essere entrambe le cose.

Il rompicoglioni *iper-transitivo* ha di brutto che è programmato per prendersi a cuore qualcuno fino a dargli fastidio. Scocciarlo. È la sua essenza, non può darsi pace se non lo fa. Ma in sé, egli, anzi ella, può non essere male. Anzi, può essere una splendida persona. Che, essendo vocata alla relazione, se ti aspetti che faccia qualcosa per te, è probabile che la faccia.

Lo stronzo *iper-intransitivo* è l'esatto contrario. Ha di buono che non vive per interagire, quindi nemmeno per nuocere.

Lui non fa che stare lì, ed essere quello che è.

Ma quello che è consiste nell'essere uno che se ti aspetti qualcosa da lui, molto probabilmente non la farà.

Questa breve e spero interessante esplorazione di due parole-chiave del nostro vocabolario quotidiano ci pone però, a questo punto, di fronte a una domanda inevitabile: dato che il nostro aggiornato sistema di valori ci impedisce di ipotizzare che tutti gli individui appartenenti al genere umano nascano completamente stronzi (se maschi) e totalmente rompicoglioni (se femmine), non sarà che proprio la natura di un sesso abbia un ruolo decisivo nel peggiorare la natura del sesso opposto?

In sostanza, non sarà che essere stronzi fa apparire e diventare le donne ancora più rompicoglioni, e viceversa?

Lo vedremo nel prossimo capitolo, ma vi dico subito che sì, è proprio così.

4. ENTITÀ
INTERDIPENDENTI

In effetti, i due caratteri essenziali e antitetici di uomini e donne si alimentano e si sorreggono a vicenda.

Il motivo è semplice, ed è la diretta conseguenza di ciò che abbiamo scoperto.

Le donne per esercitare la loro naturale attività di rompicoglioni hanno infatti bisogno di qualcuno a cui romperli. E gli uomini, per le ragioni che analizzeremo più avanti, sono la loro vittima ideale.

Dall'altra parte, poiché abbiamo visto che uno stronzo da solo non fa male a nessuno, è proprio l'avvicinamento della donna che dà un senso compiuto alla sua esistenza, facendo sì che la sua stronzaggine si manifesti, si esprima.

Insomma, uno stronzo non puzza se non c'è qualcuno che lo annusa.

Abbiamo visto che l'accusa prevalentemente utilizzata dalle donne per rompere i coglioni agli uomini è proprio dare loro degli stronzi.

E questo suscita negli stronzi, giustamente accusati di essere tali, cioè poco inclini a coltivare le relazioni, il desiderio di defilarsi ulteriormente al fine di evitare altre rotture.

Tale risultato rappresenta all'apparenza un clamoroso insuccesso delle donne, perché non fa che rendere gli uomini ancora più stronzi. Ma, come sapete, l'apparenza inganna

Infatti, il progressivo aggravarsi della stronzaggine maschile dà alla donna la preziosa possibilità di esercitare senza inutili sensi di colpa la sua opera di rompicoglioni, e quindi di realizzarsi pienamente.

E così via, in un circolo vizioso che sembra chiudersi su se stesso ma in realtà a ogni giro sale di livello, assumendo una forma a spirale: figura che ben si adatta a descrivere l'andamento sterilmente degenerativo di quasi tutte le discussioni di coppia.

Abbiamo così scoperto un altro, semplice quanto inconfutabile principio, il secondo principio della diversità, che potremmo definire Proprietà del peggioramento reciproco, secondo cui:

LA ROMPICOGLIONITÀ DELLE DONNE AUMENTA LA STRONZAGGINE DELL'UOMO. E VICEVERSA.

Non vi sfuggirà che questa importante acquisizione ci consente altresì di confermare, pur se da un punto di vista inusuale, la meravigliosa, perfetta complementarietà esistente fra uomini e donne, fondamento di tutto l'universo naturale e, segnatamente, dell'"ecosistema umano".

5. ESPERIMENTO
BASE

Per sostanziare la mia tesi, anche se non credo ce ne sia veramente bisogno, invito il lettore a compiere, per mio conto, un test di cui conosciamo già, come al solito, il risultato.

Il test va compiuto a una festa, o a una qualsiasi riunione a cui partecipino almeno quattro/cinque esponenti dei due sessi.

Non a una cena, poiché in questo caso, di solito, i posti sono assegnati in alternanza: un uomo, una donna e così via, e quindi l'esperimento funziona ugualmente, ma in un modo anomalo. Lo vedremo poi perché rappresenta, in un certo senso, un caso più avanzato.

Il test-base va eseguito su gente che può muoversi liberamente, e che non sia predisposta al corteggiamento. Quest'ultima condizione influenzerebbe nuovamente il test riproducendo, per motivi non più di protocollo ma di ormoni, lo stesso schema della cena: un uomo vicino a una donna.

La situazione ideale è invece quella di una festa in piedi a cui partecipano esponenti di coppie consolidate, poco inclini, in queste occasioni, sia a restare appiccicate, sia, tranne casi di grave inciviltà, a dedicarsi a nuove conquiste.

Insomma, una situazione neutra che consenta a ognuno di muoversi e agire più o meno come che gli pare.

Bene, ora siamo lì. Diciamo da un'oretta. I convenevoli sono finiti da un pezzo. E i gruppi si sono formati.

Prima osservazione: gli uomini parlano con gli uomini, le donne con le donne. Ci siamo, potete procedere.

Come primo assaggio, contate quante volte in, diciamo, dieci minuti di conversazione, le donne pronunciano il nome di una persona (Mario, Giovanna, Lucia), o il suo ruolo (mia madre, sua sorella, il nostro capo). Farete fatica a tenere il conto.

Ora andate dagli uomini e contate. Fino a uno, due, se vi va bene.

Però, già che siete fra gli uomini, cercate di capire, visto che non parlano di qualcuno, di che cosa stanno parlando. Lo sapete benissimo: raccontano le loro attività. Esageriamo: le loro gesta.

Risultato del test, così inedito e meravigliosamente ovvio da meritare il rango di terzo principio della diversità e delle relazioni intersessuali, o Principio dei temi discordanti:

LE DONNE PARLANO DI PERSONE.
GLI UOMINI PARLANO DI FATTI.

Attenzione però, non cadete nella becera tentazione di liquidare il *test donne* applicando sulla provetta l'infamante dicitura: *pettegolezzo*. A loro le persone interessano veramente. Di più. Per loro sono di vitale importanza. Perché è vitale la relazione. Sembra che chiacchierino. In realtà parlano e, soprattutto, *sentono*. Nel senso di ascoltare e di ascoltarsi, ma anche di sentire con i sentimenti. Stanno cercando di crescere, imparando meglio e di più le leggi che governano le relazioni. Che per loro sono, né più né meno, le leggi che governano la vita.

E infatti capiscono e imparano prima, meglio e più degli uomini.

Nel loro campo, naturalmente, che per loro, però, è *il* campo di gioco: quello in cui si gioca, e ci si gioca, tutto.

Intanto gli uomini, dall'altra parte, stanno parlando dei *fatti* loro. Gli uomini adorano parlare di fatti. Alle donne sembrano cose noiose. Ma per loro sono tutto.

Perché a loro interessa il mondo, quello grande. Quello dove, se

24

butti un sasso nel lago, partono delle piccole onde circolari. E se il lago è piatto, quel sasso puoi farlo saltare.

Alle donne sembrano giochi. Ma loro stanno cercando di crescere, imparando meglio e di più le leggi che governano le attività.

E così capiscono e imparano. Di più, prima e meglio delle donne. Nel loro campo, naturalmente, che però, per loro è *il* campo di gioco. Dove si gioca, e ci si gioca, tutto.

TORNANDO A CASA DALLA FESTA, UNA COPPIA, IN AUTO

LEI *Come sta Marco?*

LUI *In che senso? ... Bene!*

LEI *Ma come "bene"? Stefi era a pezzi!*

LUI *Ah... non so... non ne abbiamo parlato...*

LEI *E di cosa avete parlato?*

LUI *Che gli è rimasto un aereo-giocattolo su un albero...*

LEI *Vabe'... due ore a parlare di quello?*

LUI *Ma no, perché è andato dal ferramenta, no?, e gli ha chiesto se aveva qualcosa per tirarlo giù...*

LEI ...

LUI *... E lui gli voleva affittare un camion con un argano a cavo d'acciaio perché aveva capito che era un aereo vero...*

LEI *... Che idiota...*

LUI *Chi, il ferramenta?*

6. ESPERIMENTO
AVANZATO

Dicevo: una cena mista. Esperimento che ora possiamo affrontare, grazie a ciò che abbiamo imparato con il party-test.

Naturalmente, come al solito, basterà immaginarlo, o richiamare alla memoria una cena qualsiasi del passato.

I casi che si verificano sono generalmente due.

Caso A: la conversazione, a dispetto di un criterio di opportunità che consiglierebbe alla tavolata di selezionare un argomento di interesse comune, si divide in due, proprio come a una festa in piedi. Fastidioso, anche per le interferenze acustiche che distraggono e disturbano i due sottogruppi. Ma non infrequente.

Caso B: la conversazione rimane una sola. Tutti discutono di un solo argomento alla volta. In questo caso se osservate (o ricordate) bene, noterete che in realtà l'argomento non appassiona mai allo stesso modo i due sottogruppi di genere.

Ciò è dovuto al fatto che uno dei due ha prevalso sull'altro, imponendo di fatto il proprio interesse.

Così, se si parlerà per tutta la cena dei figli e dei loro insegnanti, saranno state le donne a volerlo, e gli uomini a subirlo. Con la solita eccezione di un papà aggiornatissimo sui nomi degli insegnanti e addirittura sul ritmo di avanzamento dei programmi scolastici! Strani papà, che gli altri non sanno bene se ammirare o disprezzare, ma che, alla fine, vengono sospettati di essere omosessuali o genericamente un po' sfigati.

Questo non vale solo per figli e scuole, naturalmente, ma per tutti gli argomenti che riguardano le relazioni. Tutte le discussioni o le chiacchierate che si sviluppano su alberi di navigazione i cui link sono rappresentati da zie, sorelle, cognati, amici assenti di amici presenti, e così via, sono avviate e sostenute dalle donne.

Se invece si parla di attività, sono gli uomini ad aver proposto (e difeso) il loro argomento di conversazione.

Così, mentre la chiacchiera viaggia tra una nuova idea di business e un goal all'incrocio dei pali, le donne si domandano tra sé a che ora arriverà, domani, la donna di servizio e perché tocca sempre a loro, a quasi cinquant'anni dal Sessantotto, istruirle su pranzi, bucati e piante da innaffiare.

TORNANDO A CASA, UNA COPPIA, IN AUTO

LEI *Che carino Franco, eh?*

LUI *Mmh*

LEI *Come segue le cose dei figli, va a parlare con gli insegnanti...*

LUI *Vabe', anch'io ci sono andato...*

LEI *Una volta in tre anni, a fare lo show con quella di scienze. "Ah, ho conosciuto suo marito... che persona interessante... peccato aver avuto così poco tempo..."*

LUI *Be', ha funzionato, no? La Totta non ha più l'insufficienza...*

LEI *Stai scherzando, spero...*

LUI *Mi stai dicendo che ce l'ha ancora?*

LEI *Ti sto dicendo che era l'insegnante di Andrea...*

7. ESPERIMENTO APPARENTEMENTE
CONFUTATIVO

A questi esperimenti di straordinaria e, lasciatemi dire, disarmante capacità dimostrativa, se ne potrebbe contrapporre un altro in grado, apparentemente, di contraddirli, ma invece, a ben guardare, di confermarli in modo definitivo.

L'esperimento apparentemente confutativo consiste nell'ascoltare le conversazioni di due gruppi di genere opposto, in luoghi separati e fra loro sconosciuti, in modo che nessuno possa temere intrusioni, condizionamenti o delazioni. Insomma, due gruppi omogenei per sesso e liberi da censure.

In questo caso sarà altamente probabile che nel gruppo degli uomini si parli di donne, e viceversa. E qui, l'audace quanto improvvido confutatore della mia tesi si alza e dice: "Vedi? Parlano, in sostanza, della stessa cosa: la relazione col sesso opposto!".

Sembra un'obiezione corretta. Ma in effetti, come vedremo al capitolo 12, è una vera sciocchezza.

Quindi, come si dice, restate con noi.

8. PRIMA
DI ADDORMENTARSI

C'è un momento che esprime e sintetizza forse più di ogni altro, più dei party e del sesso (a cui dedicheremo ampio spazio più avanti), ciò che stiamo osservando. È quello immediatamente prima di dormire.

Spenta la televisione, chiuso il libro, telefonino in carica, buio. In quei secondi, o minuti, ognuno è veramente libero di pensare a quello che vuole.

O che deve.

Eccoci qua: siamo già allo spartiacque.

Gli uomini, di solito, affrontano questo momento come l'ultima occasione della giornata per svolgere un'attività gratificante: pensare a qualcosa di bello. Per le donne, normalmente, è un momento di stress, perché *devono* pensare a un sacco di cose: a un sacco di gente.

Fatelo: chiedete a un po' di amici e parenti a che cosa pensano prima di addormentarsi. Io l'ho fatto. È divertente perché non si aspettano una domanda del genere. E quando si preparano a rispondere si accorgono che è un tema molto intimo, molto rivelatore. Perché in quella scelta (a che cosa dedicare gli ultimi pensieri del giorno) c'è molto di noi.

GLI UOMINI. Quasi tutti pensano al lavoro o al loro hobby preferito.

Uno mi ha detto che gli piace immaginare nuove idee di business. Le pensa in termini di piano industriale e poi le vede realizzate. In quei momenti è talmente convinto che si addormenta con la certezza di essere sul punto di diventare miliardario.

Un altro pensa al bridge. Rivede le mani più interessanti, si compiace di come le ha giocate, oppure le rigioca mentalmente se le ha sbagliate.

Un terzo amico, un alto dirigente di un prestigioso gruppo editoriale, prima di dormire mette in campo la Juve ipotizzando varie disposizioni tattiche. Il suo periodo d'oro coincide con il calcio-mercato, perché deve continuamente sistemare nuovi giocatori e magari scegliere tra i possibili acquisti i più adatti al suo schema ideale.

Un quarto ripete mentalmente i colpi principali del tennis: un po' al rallentatore, per verificarne e memorizzare ogni minimo segmento, un po' in tempo reale, come per testare la propria reale capacità di effettuarli in modo perfetto. La cosa curiosa è che il cervello, trovandosi in bilico tra sonno e veglia, non sempre capisce che si tratta di una simulazione e ogni tanto impartisce l'ordine ai muscoli, con il risultato che la moglie del mio amico si becca qualche rovescio sulle costole. Cosa che le suscita non solo un intenso dolore fisico, ma anche un certo comprensibile spavento.

LE DONNE. Quasi tutte passano in rassegna le loro relazioni più significative e/o quelle di maggiore attualità.

Una mia cara amica lo fa in modo sistematico. Parte dai parenti di primo grado. I figli: le loro ansie, le loro sfide, il suo rapporto con loro, gli errori, i propositi.

Poi la madre: la sua invadenza ma anche il desiderio di capirla di più, di essere più paziente, più tollerante, di farle sentire il bene che le vuole invece di incazzarsi ogni volta e trattarla peggio di tutti, proprio lei che è la persona più importante! Poi, se ci arriva prima di addormentarsi, le amiche, le colleghe e buonanotte.

Un'altra, poveretta, pensa ogni sera la stessa cosa: "Devo restare con quest'uomo, o lo devo lasciare?".

Una terza traccia il programma del giorno dopo. Ogni tanto avverte il bisogno di accendere la luce per segnarsi qualcosa, e qualche volta lo fa.

Una quarta si preoccupa. Non può farci niente, si preoccupa. Del futuro, dei soldi che potrebbero non bastare più, del lavoro che potrebbe non esserci più, della salute del marito che comincia ad avere i suoi anni, dei genitori che sono vecchi e chissà per quanto tempo se la caveranno da soli. Dei figli i cui amici sbagliati ci saranno sempre, mentre quelli giusti dureranno poco. E chissà se abbiamo scelto la scuola migliore.

Ecco, è così. Prima di addormentarsi, pur non essendo mai così vicini, lui e lei si allontanano scavando distanze abissali. Pur vivendo nella stessa famiglia, nella stessa condizione, nella stessa vita, lui occupa quei pochi minuti proprio per bucare i muri di casa. È il momento di restare con se stesso, di fare spazio. Il suo "ciuccio" è una cosa sola: qualcosa che ha fatto, qualcosa che vorrebbe fare, o qualcosa che farà.

Esperimenti emozionanti e fruttiferi. Attività!

Al contrario, la mente di lei si affolla di gente: è una piazza brulicante in cui tutti chiedono udienza e lei la concede, perché ha bisogno di mettere ognuno in una casella: quella più consona all'importanza che ha e al ruolo che, secondo lei, deve interpretare nella sua esistenza. Deve e vuole controllare, sistemare, ri-programmare un sistema di rapporti ricchissimo, ma molto complesso. Il suo "ciuccio" è la sua rete di relazioni: qualcuno *che*, qualcuno *a cui*, qualcuno *con cui*.

Incertezze permanenti. Certezze rischiose. Persone!

MEZZANOTTE E VENTI, A LETTO, AL BUIO, IN SILENZIO, I PENSIERI DI UNA COPPIA

LUI *... Se giochi col rombo, hai due punte davanti, ma non sfrutti le fasce, e cosa te ne fai di un centravanti alto due metri se non arrivano i cross? (simula istintivamente la traiettoria di un cross compiendo un piccolo arco con un dito)*

LEI *... Se le parlo in modo chiaro, forse mi odierà, ma una madre a cosa serve se no?... Quello che conta è che lei si renda conto, poi... mi ha sfiorato con un dito... l'amore mio...*

33

9. DESTINATI A SOFFRIRE?

Abbiamo già messo parecchia carne al fuoco. È il momento di fare un po' di ordine, altrimenti rischiamo di non goderci la perfetta, incontrovertibile coerenza dei fatti.

Siamo partiti dalla constatazione facile facile che, visti in negativo, perché poi come sappiamo hanno anche un sacco di belle qualità, gli uomini sono stronzi e le donne rompicoglioni.

Gli uni lo pensano degli altri. E hanno modo di verificare e rafforzare questa legittima convinzione a ogni occasione.

Abbiamo anche capito in che senso gli uomini sono stronzi e le donne rompicoglioni.

Nel senso cioè che gli stronzi, esseri totalmente intransitivi, esistono a prescindere dalle relazioni di cui infatti tendono a occuparsi solo in maniera distratta, occasionale, o strumentale. Questo non sarebbe necessariamente, intrinsecamente un male. Ma lo è dal punto di vista delle donne, esseri puramente transitivi che, essendo super-concentrate sulla relazione, mal sopportano la fatica di vivere con individui che alla relazione tendono a sottrarsi non appena ne hanno la possibilità.

Ed ecco perché le donne, per definire questa peculiarità maschile, non hanno scelto un vezzeggiativo come "fiorellino" o "paletto", pure indicati allo scopo, ma una parolaccia.

D'altra parte è automatico come questa scelta costituisca per il maschio una prima, ottima ragione per definire le donne delle rompicoglioni.

Queste ultime, infatti, non si limitano a constatare le caratteristiche del genere opposto. Perché il loro inflessibile orientamento alla relazione le induce a richiedere di continuo al partner atteggiamenti e comportamenti che egli non è in grado di assumere se non in modo palesemente ipocrita e artefatto. Ed è proprio questo mix di gravi omissioni e patetici tentativi di recupero a costituire, agli occhi della donna, la prova evidente della stronzaggine dell'uomo.

Simmetricamente, è proprio l'ostinazione quotidiana a pretendere un livello di attenzione e di cura della relazione largamente al di sopra delle loro possibilità a costituire, agli occhi degli uomini, l'evidente rompicoglionità delle donne.

È facile constatare a questo punto che le due "qualità" fondamentali dei due generi sono anche i peggiori difetti possibili per il genere opposto.

In altre parole: non c'è niente di peggio, per un essere incline alla *relazione leggera*, di un partner che cerca di piegarlo alla meticolosa, liturgica coltivazione della *relazione pesante*.

Così come non c'è niente di peggio, per un essere che vede nell'intensità e nell'attenzione costante per l'altro l'unica modalità degna del nome di *relazione*, di un partner che, spesso e volentieri, vorrebbe farsi solo e beatamente i fatti suoi.

Ecco, perciò, bello pronto e confezionato per la vostra già promettente collezione, il quarto principio delle diversità e delle relazioni intersessuali, che definirei Proprietà reciproca del peggior difetto, secondo cui:

LA PRINCIPALE CARATTERISTICA DI CIASCUN SESSO È IL PEGGIORE DIFETTO PER IL SESSO OPPOSTO.

Se però capovolgiamo il ragionamento, e partiamo dal presupposto che il bene massimo per un individuo è la sua piena realizzazione, allora dobbiamo riconoscere che i due caratteri essenziali dei due sessi sono i più funzionali al bene dell'altro.

Non c'è nulla come uno stronzo, infatti, per consentire a una rompicoglioni di esprimersi compiutamente, e non c'è nulla come una rompicoglioni per indurre uno stronzo a dare il meglio di sé.

SCAMBIO DI VEDUTE

LUI *Ma dài, non l'ho fatto perché non ci ho pensato!*

LEI *È quello che mi fa incazzare: non che non lo fai, ma che non ci pensi... preferirei che ci pensassi e poi decidessi per cattiveria, veramente, per cattiveria, di non farlo: lo preferirei piuttosto che non pensarci proprio, lo capisci questo? Io posso stare con uno che non fa una cosa come quella perché non la vuole fare, tanto di cappello, guarda, ma non con uno che non gli passa neanche per la testa...*

LUI *Ma scusa, se non ci penso, come faccio a pensare: "Adesso ci penso?".*

10. AMARE DI PIÙ,
AMARE DI MENO

A questo punto non possiamo non domandarci, senza voler fare troppo i filosofi, come le due caratteristiche, si fa per dire, fondamentali degli uomini e delle donne interferiscano con la qualità e quantità d'amore che provano l'uno per l'altra.

In verità, non ho dovuto riflettere a lungo per giungere a una conclusione ferma e certa. Mi è bastato, come sempre, far ricorso all'esperienza diretta e riferita da molti, anzi tutti gli amici e le amiche con cui mi è capitato di parlar d'amore, a ogni differente età della mia e della loro vita.

L'esito è sempre stato il medesimo.

E adesso ve lo esporrò, anche se, come ormai avete capito, la cristallina perfezione del nostro postulato iniziale consentirebbe a ognuno di voi di procedere da solo, e, sostanzialmente, di scrivere il resto del libro, tavola dei principi compresa.

L'esito, che, a proposito, andrà a disporsi nella quinta casella del nostro nuovo vademecum esistenziale, sintetizza una verità contemporaneamente ovvia e sconcertante:

LA ROMPICOGLIONITÀ DI UNA DONNA VERSO IL SUO UOMO
È DIRETTAMENTE PROPORZIONALE AL SUO AMORE PER LUI.
LA STRONZAGGINE DI UN UOMO VERSO LA SUA DONNA
È INVERSAMENTE PROPORZIONALE AL SUO AMORE PER LEI.

Sinceramente, sembra una cosa divertente, ma c'è poco da ridere.

Soffermiamoci sulla prima parte e, siamo onesti, per gli uomini è una vera tragedia. Quelle due righe registrano infatti il meccanismo micidiale per cui un uomo può soltanto scegliere fra una donna che lo ama ma gli rompe le palle, o una donna che non gli rompe le palle ma non lo ama. Sempre con le solite, rare e benvenute eccezioni, naturalmente.

L'impazienza, direi l'avidità con cui stiamo srotolando questa specie di mappa del tesoro, ci ha spinti nuovamente ad anticipare le conclusioni rispetto alle spiegazioni. Buon per voi, che potete saltarle, se vi annoiano. Io, però, le devo riportare.

Le donne rompono i coglioni, lo abbiamo visto, "a buon fine". Secondo loro, naturalmente, o meglio, secondo ciò che prescrive il loro copione naturale. Il buon fine è la conservazione, attraverso un controllo rigoroso e costante, fatto di regole e comportamenti diciamo così, centripeti, del nucleo famigliare. E la base, premessa essenziale del nucleo, è la coppia. E la coppia è composta da lei e dal maschio che ha scelto. Non ha alcuna importanza che le perversioni culturali del nostro tempo inducano molte coppie a non considerare neppure l'ipotesi di costruire una famiglia con prole. Il meccanismo psicologico sottostante non cambia, perché proviene da tanti, lunghissimi millenni di programmazione e di addestramento.

E qui il cerchio si chiude: poiché l'amore di una donna, quello vero, è riservato a quell'uomo, il suo, il migliore, colui che in quel momento le appare indubitabilmente l'uomo della sua vita, sarà a lui che verrà indirizzato tutto il micidiale potenziale di rompicoglionità di cui ella dispone.

Per cui, l'aspetto paradossale della vicenda è che lui, se desidera l'amore di lei, dovrebbe essere felice di subire le sue martellanti pressioni, richieste e proteste, e sperare con tutto il cuore di vederle crescere o almeno continuare con la stessa intensità, perché esse testimoniano, più e meglio di ogni tenera attenzione, l'autenticità e la forza del suo amore. E dovrebbe simmetricamente preoccuparsi, nel momento in cui sentirà allentarsi la morsa fino ad allora inflessibile di lei: quel momento improvvidamente agognato in cui lei rivelerà tolleranza, comprensione e perfino qualche flebile segno di complicità rispetto ai suoi tempi, i suoi spazi, i suoi difetti, le sue passioni. Perché questo sarà invece il segnale inequivocabile di una diminuzione della sua passione, stato che favorisce e spesso prelude al tradimento e poi all'abbandono.

Se poi ci inoltriamo nella seconda parte del quinto principio, non è che la musica migliori. Ma almeno, come è tipico delle questioni che riguardano lui, il meccanismo è semplice e prevedibile, fino alla banalità.

Lui infatti è stronzo perché gliene importa poco, in generale. Allora il fatto che meno gliene importa e meno vuol dire che ama non genera in noi alcun tipo di sorpresa. E neppure, di conseguenza, quella inebriante emozione legata alla scoperta di nuove verità che è l'essenza, o almeno l'ambizione palese di questo testo.

Lasciamo dunque il maschio alla sua abituale e direi rozza ovvietà, e riprendiamo a galoppare nell'entusiasmante prateria delle rivelazioni!

SCAMBIO DI VEDUTE

LUI *Adesso basta, però non ti va il mio modo di fare sul lavoro, non sei d'accordo su quello che dico ai nostri figli, non ti piace come gestisco i rapporti coi miei amici, ti irrita che guardi più di due volte goal-parade... insomma, se non ti va bene niente, mollami e falla finita!*

LEI *Tu non capisci un cazzo. Spera, anzi prega che non arrivi mai il giorno in cui ti dirò "Ma sì caro, non c'è problema", perché quando succederà vorrà dire che mi avrai perso, che non ci sono già più.*

LUI *...*

LEI *...*

LUI *... È bello poter decidere tra sedia elettrica e iniezione letale.*

11. AGIRE
E INTERAGIRE

Diciamolo in altre parole: l'uomo agisce, la donna interagisce.

Non che una cosa escluda l'altra, naturalmente: è una questione di gerarchie. Nel senso che anche l'uomo interagisce, ma lo fa per agire meglio. Allo stesso modo anche le donne agiscono, ma lo fanno per interagire meglio. Insomma, l'interazione, la relazione, per la donna è un fine, e per l'uomo un mezzo. Tutto qui. E questo spiega tutto.

Tra le cose spiegate (o confermate) da questa legge di base, c'è anche un geniale, delizioso testo che molti di voi avranno letto in rete per averlo ricevuto, a riprova della sua scientifica imparzialità, da amici uomini e da amiche donne.

Il pezzo è composto da due parti. La prima è lunga un paio di fogli e illustra le attese di una donna nei confronti dell'uomo ideale.

I temi ci sono tutti:

Aprimi la portiera dell'auto, stammi vicino, pensami, ricordati l'anniversario, scrivimi, dimostra interesse per il mio lavoro, rispetta la mia personalità, ama i miei difetti, pensami, sii geloso, fammi sentire una regina, sii presente, apprezza le mie qualità, parla bene di me, ama la mia famiglia e difendimi con la tua, ogni tanto fammi trovare dei fiori, portami al cinema, apriti, condividi con me i tuoi sogni e le tue preoccupazioni, ridi, piangi, ascoltami...

Due pagine di giuste, comprensibili, ragionevoli richieste.

La parte riservata alle aspettative di lui è formata da quattro parole: *dammela, fammi da mangiare.*

Splendido. Folgorante.

Ecco ritratta in una piccola opera d'arte la differenza fondativa tra uomini e donne.

Un brevissimo testo da vero stronzo, un lunghissimo testo da autentica, adorabile rompicoglioni.

Un testo, quello di lui, che cita solo due attività: mangiare e scopare, i suoi veri obiettivi che esigono la presenza di lei come mezzo per essere raggiunti.

L'altro, il testo di lei, che cita un sacco di attività, ma tutte richieste a lui: azioni unilaterali che tuttavia lei considera cruciali per una vera, forte e profonda relazione. Reciproca!

12. PERDERE
E DISPERDERE

Sì, ma perché?

La domanda, adesso, è perfetta. Come dicevo all'inizio, la mia tesi si dimostra da sé, davanti ai nostri occhi, ogni giorno che Dio manda in terra. Quindi ora possiamo (se ne abbiamo voglia, naturalmente, visto che ormai quello che conta l'abbiamo già detto) solo concentrarci sul perché.

Bene, anche qui, grande relax.

Qual è il compito essenziale che la natura assegna a ogni animale che vede la luce? Riprodursi per conservare la specie. Quindi anche la differenza essenziale tra maschio e femmina avrà a che fare con i loro diversi modi di compiere questa missione primaria. Giusto?

Ora non allarmatevi, non vi parlerò di prede e cacciatori. Quelle sono interpretazione. Vi parlerò di pance e di piselli, che sono cose. Fatti. E, se ci pensate, fatti non solo diversi, ma opposti.

Osserviamo: tutti e due si protendono oltre i "normali" confini del corpo. Certo, ma per fini opposti. La pancia della donna in dolce attesa ha infatti il compito di *contenere, tenere dentro*. Un embrione, un feto e, prima ancora, uno spermatozoo. Il pisello dell'uomo ha invece il compito di *espellere, buttare fuori*.

E allora? Allora è tutto qui. La pancia dice alla femmina: "Impara a *non perdere* quello che hai: questo è *il tuo rischio*".

Il pisello dice all'uomo: "Impara a *disperdere* quello che hai: questa è *la tua opportunità*".

Nulla da stupirsi, perciò, se le donne hanno scritto/inciso sul portone del loro cervello il motto *HAI TUTTO DA PERDERE*, mentre all'ingresso della psiche maschile campeggia il motto speculare *HAI TUTTO DA GUADAGNARE*.

Nulla da stupirsi, di conseguenza, se il principio ispiratore della vita delle donne è *il controllo*. Mentre quello dell'uomo è il suo opposto: *l'esperimento*.

Chissà quante conferme vi sono già venute in mente! Però, piano, se no non c'è gusto.

Intanto cominciamo col constatare che, in linea generale, uno che ha tutto da perdere, e deve perciò tenere ogni cosa sotto controllo, tende a rompere i coglioni al prossimo più di uno che ha tutto da guadagnare e una gran voglia di sperimentare. Per forza, perché quello che ha da perdere è *gli altri*. Tutti quegli altri a cui capita di entrare nella sua orbita (metafora estensiva della pancia). E quando questo accade, nella donna scatta una doppia reazione:

1. Entusiasmo (ho qualcuno dentro!)
2. Terrore (ho qualcuno che potrei perdere!)

Di conseguenza, l'individuo caduto nella sua orbita, inizierà a sperimentare una doppia sensazione:

1. Gratificazione: quanto tiene a me! (tiene: le parole hanno un senso!)
2. Fastidio: quanto rompe i coglioni!

Questa seconda sensazione ci interessa, ovviamente, di più della prima. O meglio ci interessa il rapporto fra la reazione-2 della donna, terrore, e la sensazione-2 del suo uomo, fastidio.

Il rapporto è, di nuovo, del tipo *a spirale*.

Il terrore genera infatti atteggiamenti che provocano fastidio, cioè rotture di palle. E il fastidio genera o rafforza un comportamento isolazionista, cioè da stronzo, che, a sua volta, alimenta il terrore della perdita. E così via, in un festoso crescendo.

D'altra parte è inevitabile: la donna, per non rischiare di perdere l'essere orbitante e mantenerne il controllo, ha bisogno della sua complicità. O meglio, siamo franchi, della sua disciplina.

Egli non dovrà dar segno, non il minimo segno, di volere uscire, da quello spazio fisico e virtuale, fatto cioè di luoghi ma anche di regole, che costituisce la pancia-orbita della donna. E la donna, per ottenere questo, e difendere così il proprio entusiasmo, attenuando il proprio terrore, alternerà benefiche effusioni-premio e letali rotture di palle a seconda del comportamento più o meno rassicurante del maschio orbitante.

E gli uomini? Come si è visto, sono convinti di avere tutto da guadagnare. E già questo, perdonatemi l'espressione, fa abbastanza incazzare chi è nato avendo tutto da perdere. Ma non è che l'inizio. Perché il maschio non si limita a nascere con questo privilegio: agisce di conseguenza! Cioè non fa che sottrarsi alla profondità di una relazione che egli vive come un abisso minaccioso: un gorgo che rischia di fargli perdere un luna park di straordinarie opportunità. Mancati guadagni! Perché chi si ferma, chi si sofferma, guadagna *solo* in qualità della relazione. Obiettivo, per il maschio tipico, irrilevante o almeno secondario. E intanto egli realizza una perdita in termini di attività. Obiettivo, per il maschio tipico, assolutamente prioritario. Anzi, obiettivo per eccellenza, perché se, come abbiamo visto, *la donna si realizza nella relazione, l'uomo si realizza nell'attività.*

Perciò, ancora un'altra volta, è questione di punti di vista. Ahimè opposti.

Alla donna interessa fermarsi e approfondire. All'uomo interessa restare in superficie per poter procedere rapidamente verso nuove e diverse attività. Relazioni comprese.

Vedete? Senza quasi accorgermene sono inciampato in un'altra rivelazione confermativa, che subito mi pare assurgere a rango di legge: *Gli uomini considerano anche la relazione un'attività.*

C'è un meraviglioso episodio dei *Simpson* che illumina e rappresenta in modo magistrale questa legge.

Homer torna a casa e trova una situazione molto problematica.

Ognuno dei suoi tre figli è chiuso nella propria stanza alle prese con una sua angoscia precisa. Avvertito da una Marge molto amareggiata, Homer, a cui lo spettatore non attribuisce (in quanto Homer, ma, di fondo, in quanto uomo) nessuna capacità di incidere in una vicenda complessa a base di relazioni, entra nelle tre stanze e, clamorosamente, azzecca le tre frasi più opportune ed efficaci per dare sollievo a ognuno dei suoi pargoli. Al suo posto, la mamma avrebbe chiuso delicatamente l'ultima porta dietro di sé e si sarebbe incamminata lentamente verso la propria stanza in preda alla tenerezza, portando nel suo cuore, ancora vive, le pene dei suoi bimbi, e la speranza, umile e disinteressata, di averle almeno momentaneamente alleviate.

Homer, invece, esce raggiante dall'ultima stanza, richiude con decisione la porta ed esulta come un calciatore: "Tre figli, tre gol!".

Ed eccola qua la risposta all'improvvido confutatore del capitolo 7: anche quando gli uomini parlano di donne e le donne degli uomini, non stanno affatto facendo la stessa cosa. Perché le donne parlano *davvero* di relazioni, mentre gli uomini parlano tendenzialmente di attività. Nella fattispecie, le donne parlano delle relazioni con i loro uomini. Gli uomini parlano delle attività svolte con le loro donne. E soprattutto di quelle che non riescono a svolgere a causa delle loro donne.

Insomma, non una sfumatura di differenza, ma, al solito, una visione specularmente opposta: le donne unite nell'intento di rafforzare le proprie relazioni con i partner *a dispetto delle svogliate resistenze maschili*, gli uomini uniti nello sforzo di defilarsi dalle loro relazioni con le partner *a dispetto delle eccessive pretese femminili*.

Nel frattempo, diciamo di passaggio, abbiamo individuato altri tre principi fondamentali della diversità e delle relazioni intersessuali, che ho preferito non sottolineare nel corso del testo, per non contrastare il flusso impetuoso del ragionamento. Ma ora è venuto il loro momento.

Sesto principio, o Principio delle ispirazioni contrarie:

**LA VITA DELLE DONNE È ISPIRATA AL CONTROLLO.
LA VITA DEGLI UOMINI È ISPIRATA ALLA SPERIMENTAZIONE.**

Settimo principio, o Principio dei mandati economici:

**LE DONNE HANNO TUTTO DA PERDERE.
GLI UOMINI HANNO TUTTO DA GUADAGNARE.**

Ottavo principio, o Principio delle realizzazioni specifiche:

**LE DONNE SI REALIZZANO NELLA RELAZIONE.
GLI UOMINI SI REALIZZANO NELL'ATTIVITÀ.**

13. CREDITI E DEBITI

Il rapporto sofferto ma simbiotico tra uomini-stronzi e donne-rompicoglioni genera inevitabilmente, tra le innumerevoli conseguenze, una dinamica di coppia in cui lei tende a sentirsi perennemente in credito e lui, simmetricamente, in debito. Tutto ciò è del tutto naturale considerato quello che abbiamo imparato. Infatti, la coppia è una relazione. Ma solo la donna la considera veramente tale. L'uomo la considera un'attività. Magari la più importante, la più gratificante, la più quello che volete, ma pur sempre un'attività. E una. Per la donna non solo è una relazione, ma è *la* relazione. Quella da cui dipende tutto. La sua felicità, la sua piena realizzazione come essere umano.

L'investimento dei due partner nella coppia è perciò diverso per natura e per quantità.

La donna ne è artefice, custode e garante.

L'uomo ne è partecipe. Punto.

Infatti l'uomo, poiché la considera un'attività, vi partecipa *quando è il momento*. Poi si dedica ad altro, finché non è di nuovo il momento della coppia.

Lei no. Lei pensa e sente *di continuo* la relazione. La donna non si stacca mai dalla coppia. L'uomo continuamente. Lei si ricorda, collega, anticipa, ripensa, interpreta, giunge a conclusioni e si immagina che lui stia facendo altrettanto.

Invece lui a volte, spesso, quasi sempre, sta pensando ad altro.

Così, quando si rivedono, lui non è pronto. Il confronto è impari. Lei lo interroga, lo incalza, si rende conto di un divario che interpreta, comprensibilmente, come una distanza. Non capisce. Non si capacita. O meglio, ha una sola spiegazione, sempre la stessa: lui è un grandissimo stronzo.

Lui è disorientato, realizza frammenti di ciò che lei dice, si ritrova in una situazione complessa, articolata, di cui non si era affatto reso conto e che non ha gli strumenti per decifrare e per condividere. Almeno, non così in fretta! Si sente sopraffatto, impreparato, ma anche, se non innocente, almeno incolpevole. Nella sua confusione, che tende al panico, si aggrappa a un'accusa che è una via di mezzo fra una constatazione e un'attenuante: è lei che è una grandissima rompicoglioni!

Tutto ciò è magistralmente sintetizzato in una storiella che gira per il Web e che riporterò a memoria.

> Due partner annotano sui loro diari l'esperienza di una domenica sera insieme. Lei è molto preoccupata e riempie alcune pagine della sua angoscia.
>
> Ha visto lui strano, svogliato. Assente. Cerca di ricostruire le ultime giornate a caccia di un indizio. Qualcosa tra loro che sia andato storto, qualcosa che l'abbia turbato, allontanato. Chissà, forse una donna, anche solo una momentanea attrazione.
>
> Ha provato a sondare. Delicatamente. Lui è stato evasivo.
>
> Poi la sera, lei gli si è avvicinata. Hanno fatto l'amore, lui è sembrato per un attimo tornare se stesso. Ma poi quell'ombra è tornata a calare su di lui e, mentre lui dormiva, lei ha continuato a interrogarsi, sempre più decisa ad affrontarlo per chiarire. Costi quel che costi.
>
> Lui, sulla sua agenda, ha scritto una sola riga. *L'Inter ha perso. Merda. Almeno abbiamo trombato.*

Questo meccanismo, che è al tempo stesso interessante e banale per la sua ossessionante ripetitività, induce nei due partner stati d'animo opposti, permanenti e interdipendenti. Lei si sente in credito. Lui in debito, o più precisamente, in rincorsa, in affannosa perenne rincorsa di un pareggio dei conti che, invece, non arriva (non può arrivare) mai.

A uno sguardo superficiale sembrerebbe strano. In fondo, sono due esseri diversi, impegnati e concentrati su aspetti diversi della vita. Perché uno dovrebbe sentirsi migliore dell'altro, e quindi in credito, e l'altro peggiore, e quindi in colpa?

In effetti, quando sono là fuori, nel mondo, non funziona così. Lei e lui si sentono ugualmente giusti. A posto. Ma nella coppia no. Perché la coppia è una relazione, anzi *la* relazione. E nella relazione la specialista, la maestra, la proprietaria delle chiavi, è lei. Lui non ce la può fare. Non sarà mai all'altezza.

Perciò lei si sentirà sempre quella brava (perché lo è), e lui quello scarso (perché lo è). Solo che finché lui è scarso, la relazione, dal punto di vista di lei, non è perfetta.

E se non è perfetta, lei non è felice.

E se lei non è felice, la colpa è di lui. Perciò lei non smetterà di rompere i coglioni a lui in quanto stronzo e lui, per reazione e per coda di paglia, diventerà ancora più stronzo rendendo lei, di rimbalzo, ancor più rompicoglioni.

E così via, in una sorta di balletto infinito. Perverso. Ma molto, molto rassicurante.

SABATO MATTINA, UNA COPPIA

LUI *Vengo con te a fare la spesa.*

LEI *Ehilà! Hai qualcosa da farti perdonare?*

LUI *Be', è quello che mi fai credere continuamente.*

LEI *Non sono io, sei tu che hai la coda di paglia.*

LUI *Giusto, devo ricordarmi di sentirmi in colpa anche per i sensi di colpa.*

14. LE BAMBINE
SONO PRECOCI?

Concentrati? Bene. Perché grazie al nostro nuovo formidabile sistema di riferimento composto da punti di verità così ovvi da essere passati fino a oggi inosservati, ci apprestiamo a spiegare (e quindi infrangere) una logora quanto radicata credenza, che recita così: le bambine sono più precoci dei maschietti.

Balla colossale. Ma comprensibile. Applichiamo il nostro modello strategico e vedremo subito perché.

Chiunque osservi maschietti e femminucce in tenera età trova facilmente conferma di tutto ciò che stiamo professando. I maschi, per esempio, già a tre anni sono attratti da gru, mostri, supereroi, razzi e scazzottate.

Tutte queste cose sembrano eterogenee, ma ovviamente non lo sono.

Esse, ormai lo abbiamo capito, rappresentano attività: cose che si fanno.

E per carità, non date retta a chi parla di educazione e di cultura: nessun genitore normale-postmoderno-metropolitano, madre o padre che sia, vuole ormai trasformare un figlio maschio in un militarista e una femmina in una geisha sottomessa. Eppure i maschietti continuano a menarsi come caimani e le femmine a sfogliare compostamente libri di fiabe e giornali di moda. Semplicemente perché i maschi hanno bisogno di fare, di agire, e di verificare il risultato fisico/materiale di quello che fanno.

La loro curiosità è capire *che cosa succede se faccio questo*. Che cosa succede se do un calcio a un pallone, se do un pugno a quel cretino, se dico di no a mio padre, se tiro un bignè contro il muro con tutta la forza che ho. Che cosa succederebbe se fossi un supereroe, se guidassi una gru e se schiantassi la mia automobilina nuova contro il battiscopa.

Aggiungete alla vocazione all'attività instillata da quell'insegnamento genetico-primario, devi disperdere (quindi, fai tutte le prove che puoi), la vocazione alla competizione tipica di quasi tutti gli animali maschi del mondo (e su questo torneremo, parlando di lavoro) ed ecco spiegato perché i maschietti di tre anni sono esseri già totalmente diversi dalle loro deliziose coetanee.

Queste, infatti, avendo tutto da perdere, si stanno già allenando a curare, coltivare e conservare. Oggetti e relazioni.

Non hanno alcuna voglia di spaccare tutto. Al contrario, hanno voglia di mettere via. Mettono via tutto. Nella borsetta, che vogliono avere appena stanno in piedi perché da quel momento rappresenterà il contenitore del loro universo trasportabile, nella cartella, nell'armadio.

Soprattutto hanno voglia di stare vicine. Vicine di banco, vicine di posto. Vicine.

Stando vicine si guardano, si toccano, si parlano: costruiscono relazioni. Cultura e pratica della relazione.

A questo servono le bambole. Non a rincretinirsi e asservirsi al maschio padrone.

Semplicemente, a familiarizzare con le relazioni. Invece che giocare con finte macchine, giocano con finte persone. E quando giocano alle bambole in due o in tre, giocano contemporaneamente con finte e vere persone, simulando intrecci familiari e amicali di tutti i tipi e producendo così, in breve tempo, una straordinaria capacità nel loro campo: il campo delle relazioni.

Nel frattempo i maschietti stanno acquisendo pari capacità in altro campo: quello delle attività.

Sono bravi a correre, a picchiarsi, a tirare i bignè, a guidare il triciclo e poi la bicicletta e poi lo skateboard, la moto, gli sci e il kitesurf.

Ma la cosa inorgoglisce solo loro o i loro papà: quelli che li accompagnano a giocare a calcio la domenica mattina e litigano con i genitori dei bambini avversari. Genitori maschi, ovviamente.

Invece l'abilità delle bambine la vedono tutti, per definizione, continuamente. Perché loro ci sanno fare *con la gente*. Con le amiche, con i genitori e, ovviamente, anche con i maschi. Molto di più, infinitamente più dei maschi.

Ed ecco la famosa precocità femminile.

Una balla, perché si misura su un solo terreno. Comprensibile, perché è il terreno in cui giocano tutti. Chi più volentieri, le femmine, e chi meno: i maschi. Ma tutti.

Poi, a un certo punto (a diciott'anni? A venti? A trenta?) la precocità sparisce. Di nuovo tutti uguali.

"I maschi recuperano dopo." Ma che vuoi dire? Nulla, anzi una cosa: le attività (specialità maschile) cominciano a contare qualcosa. I dotti direbbero: "Assumono un diverso peso sociale". Quale peso? Quello del denaro, ovviamente.

Finché un maschio è la migliore ala destra del torneo giovani promesse di Quarto Oggiaro non gliene frega niente a nessuno. Tranne a suo padre, ai suoi compagni di squadra e al suo allenatore. Dodici maschi più le riserve.

Ma quando diventa la migliore ala destra della serie B, stipendio mezzo milione all'anno, la musica inizia a cambiare.

Ovviamente vale anche per lo studio. Uno che ha 9 di media in terza liceo classico può essere ancora considerato un deficiente perché non sa stare al mondo. Uno che prende 110 e lode alla Bocconi e ha dodici offerte di lavoro, invece, sta per diventare un figo. Anche se è ancora lui e, magari, con tutto quello studio, sa stare al mondo ancora peggio di prima.

Che cosa è cambiato? Le nuove attività promettono soldi: e quindi peso sociale. Così il maschio, si dice, recupera lo svantaggio.

In realtà quel gap, quello di prima, non lo colmerà mai.

Sul terreno delle relazioni, rimarrà sempre indietro. Questo fenomeno ha da sempre una diffusione pressoché universale. A esso va ricondotto il famoso detto per cui dietro un grande uomo c'è una grande donna. Non può che essere così, perché a un uomo, per quanto grande nella sua attività, mancherà sempre, per essere grande *overall*, quella capacità di destreggiarsi nel groviglio degli altri essere umani, che solo una donna gli può, all'occorrenza, trasferire.

Tutto ciò genera quindi in molti uomini una sorta di sindrome schizofrenica. Essi infatti non riescono a capacitarsi di come possano sentirsi (e a volte essere) dei mezzi geni per otto/nove ore al giorno e agli occhi di un cospicuo numero di individui (i colleghi di lavoro) e poi, improvvisamente, essere e sentirsi, agli occhi di un numero inferiore, ma significativamente più importante di persone (la propria famiglia) una specie di disadattato. Insomma, un povero pirla.

Detto ciò, possiamo serenamente registrare il nono principio della diversità e delle relazioni intersessuali, che chiamerei Equivoco sulla precocità e sul ritardo:

LE DONNE APPAIONO PIÙ PRECOCI DEGLI UOMINI PERCHÉ, DA PICCOLI, LE RELAZIONI VALGONO PIÙ DELLE ATTIVITÀ.

SCAMBIO DI VEDUTE

MAMMA *Non sapevo che Luca avesse vinto addirittura una borsa di studio per Princeton con la sua ricerca sulle formiche rosse!*

FIGLIA *Figo eh?*

MAMMA *Be', molto figo... moltissimo!*

FIGLIA *...*

MAMMA *Pensare che da piccolo dicevate tutte che era una specie di idiota...*

FIGLIA *Lo era, mamma.*

MAMMA *Invece sua madre mi ha raccontato che già a nove anni aveva in bagno tipo cento barattoli con dentro cento ragni diversi!*

FIGLIA *Appunto, mamma...*

15. ALLENAMENTI
DIFFERENZIATI

Ma torniamo ai ragazzini.

Come avrete notato, sono molte pagine che non cito le due parole chiave di questo libro. Certo, perché i ragazzini non se le meritano (ancora).

Però si stanno allenando. Allenamenti, è ovvio, differenziati.

I maschietti si allenano per diventare stronzi. Le femminucce, rompicoglioni. Come? Facendo quello che gli va di fare. È la loro natura che li guida.

I maschietti, vedendo le femmine così diverse da loro, ne stanno lontano. Non hanno (ancora) nulla da dividere con loro. Perciò, giustamente, le evitano. E viceversa. Sono felici di stare insieme e di vedersi. Ma non per il piacere di farlo: solo perché questo consente loro di fare insieme un sacco di cose.

Le femminucce invece, sono felici di stare insieme *per* stare insieme. Così, mentre i maschietti, dal loro punto di vista, si allenano a svolgere al meglio le loro amate attività, cioè a diventare bravi, dal punto di vista delle donne si stanno allenando a disinteressarsi delle relazioni, cioè a diventare stronzi. Condizione che essi già vivono, *in potenza*, ma che entrerà *in atto* solo quando la pubertà li costringerà a entrare in contatto con l'altro sesso e, di conseguenza, a essere certificati come stronzi.

Solo da quel momento e fino all'ultimo giorno della loro vita, i maschi (da qui in poi, gli uomini) saranno degli stronzi.

Perché lo saranno negli occhi, nella mente e nel cuore delle loro donne.

Simmetricamente le ragazze, con qualche rilevante distinzione. Innanzitutto alla parola "stronzo" va sostituita, come sappiamo, la parola rompicoglioni.

E poi c'è un'altra differenza. Infatti, i maschi si allenano a essere stronzi *in assenza* di una controparte e quindi di un feed-back. Insomma si allenano *contro nessuno*. I loro amici maschi, infatti, non sono una controparte, in quanto, essendo ugualmente disinteressati alla relazione, non sono in grado di percepire la *stronzità* del prossimo, almeno nell'accezione che io utilizzo in questo testo.

Le bambine, invece, si allenano a essere rompicoglioni, *in presenza* di una controparte: le altre bambine, le quali, essendo interessatissime alle relazioni, sono perfettamente in grado di subire e di contraccambiare ogni minima rottura di coglioni.

Per verificare questa ovvia constatazione, basterà osservare come le ragazzine dagli otto ai tredici anni, ma anche più avanti, instaurino con le amiche del cuore veri e propri rapporti di coppia esclusivi e spesso ossessivi, con tanto di scenate di gelosia, tradimenti, clamorosi addii e solenni riappacificazioni.

Le bambine, quindi, a differenza dei coetanei maschi, sono già rompicoglioni *in atto*, prima del fatidico incontro con l'altro sesso.

Ma al di là di queste differenze, interessanti quanto marginali, c'è un dato comune ai due schieramenti di enorme importanza, poiché imprimerà alle rispettive esistenze un segno e un corso definitivi: entrambi, al raggiungimento della pubertà, sono addestrati e pronti a una vita degnamente e pienamente vissuta: gli uni da emeriti stronzi, le altre da grandissime rompicoglioni.

Da cui il decimo principio della diversità, o Regola dei tempi di sviluppo:

LE BAMBINE SONO ROMPICOGLIONI IN ATTO. I MASCHIETTI SONO STRONZI IN POTENZA.

FRA BAMBINE

BENNY *(10 anni)* *Eri al telefono con la Ila?*

FEDE *(10 anni)* *Sì, perché?*

BENNY *Niente, niente, fai come ti pare...*

FEDE *Mi ha chiesto i compiti di inglese...*

BENNY *Vabe', dài, siete sempre appiccicate davanti a scuola, all'intervallo, dimmi la verità, è lei adesso la tua migliore amica, ve lo siete già detto?, almeno sapere che cosa ti ho fatto...*

FEDE *...*

BENNY *...*

FEDE *Andiamo a vedere i maschi che giocano a calcio?*

FRA BAMBINI

CHECCO *(10 anni)* *Eri al telefono con Giacomo?*

LEO *(10 anni)* *Sì.*

CHECCO *Viene al campetto?*

LEO *Sì, ma non il solito...*

CHECCO *Perché?*

LEO *C'è tua sorella con la Fede.*

16. CONCLUDERE
E COMINCIARE

Ed eccoci, finalmente, al sesso. Finalmente, non perché sia il cuore del libro o perché vi consideri morbosamente interessati all'argomento. Finalmente perché il sesso occupa una parte importante in ogni rapporto di coppia. Ed è anche, o così almeno la pensano in molti, una componente rivelatrice, sintomatica se non addirittura sintetica rispetto alle altre. Non so se sia così e francamente non mi interessa. Ciò che mi colpisce, invece, è come anche l'atto sessuale confermi e avvalori in modo cristallino la tesi su cui poggia questa trattazione.

Ma andiamo con ordine.

Innanzitutto ci sono molti generi e specie di accoppiamenti. Ci sono i generi *etero* e *omo*, che a loro volta possono essere gratuiti o a pagamento. A loro volta poi, i gratuiti si dividono in *prima volta, fase dell'innamoramento, fase dell'amore* o *classica* e così via.

Non essendo questa un'enciclopedia del sesso né un trattato antropologico sull'accoppiamento di *Homo sapiens*, noi ci concentreremo sull'accoppiamento eterosessuale classico (AEC) in cui, in ogni caso, anche gli innamorati iniziali potranno scorgere modalità che si sperimentano in fase embrionale e gli omosessuali potranno facilmente riconoscersi scegliendo il versante di genere a loro più congeniale.

Infine, non mancherà una rapida ma illuminante digressione sull'AEP: accoppiamento eterosessuale a pagamento.

AEC

La fase dell'AEC che ci interessa di più, per ragioni che non tarderete a comprendere, è quella immediatamente successiva all'orgasmo.

Il luogo comune (che noi, a differenza degli intellettuali, non snobbiamo affatto: al contrario, gli attribuiamo un'importanza fondamentale come specchio del sentire, e quindi della realtà diffusa) afferma che la femmina di *Homo sapiens* tende a proseguire le attenzioni verso il maschio, seppure con modalità meno concitate e appariscenti di quelle che contraddistinguono l'atto vero e proprio, mentre il maschio è più incline a un subitaneo distacco corporeo e psicologico, ben rappresentato dall'immagine tragicomica dell'uomo addormentato sulla sua donna delusa e vagamente disgustata.

Tutto ciò non solo non deve sorprenderci, ma deve apparirci del tutto naturale. Anche il sesso, infatti, è per i maschi un'attività, che indubbiamente (a essere cattivi, potremmo dire inevitabilmente) implica una relazione. Mentre per la donna è una modalità di relazione che implica inevitabilmente un'attività.

Perbacco, ecco materializzarsi davanti a noi l'undicesimo principio della diversità e delle relazioni intersessuali, che chiamerò Regola prospettica dell'accoppiamento:

PER LE DONNE IL SESSO È UNA FORMA DI RELAZIONE CHE IMPLICA UN'ATTIVITÀ.

PER GLI UOMINI IL SESSO È UN'ATTIVITÀ CHE IMPLICA UNA RELAZIONE.

Non è un caso che la maggior parte dei maschi usi per definire l'atto sessuale il verbo *scopare*, mentre la maggior parte delle donne utilizza la locuzione *fare l'amore*, che collega indissolubilmente un'attività (fare) con una relazione (amore).

Quindi, il maschio scopa qualcuno. La femmina fa l'amore con qualcuno.

Non fraintendetemi, non sto dicendo che le donne facciano sesso solo con chi amano. Però, tendenzialmente, dicono *fare l'amore* anche quando parlano di sesso con semi-sconosciuti. I maschi, invece, dicono *scopare* anche quando raccontano un dolce amplesso con la loro fidanzata su una spiaggia deserta al chiaro di luna.

Che c'entra con *il dopo*? Ma come, è proprio il dopo che dà il suggello finale a questa limpida serie di enunciazioni! Il dopo, infatti, è un vero *dopo* solo per il maschio. Egli ha infatti concluso un'attività. Come direbbe lui, ha finito di scoparla. Se è andato tutto bene, è soddisfatto e orgoglioso. E ne ha ben donde. Egli ha infatti appena *compiuto e concluso* la missione che la natura gli ha affidato quando è venuto al mondo. Fatto! O, come direbbe Homer: una donna, un gol!

Per la femmina, invece, quel medesimo, magico, misterioso istante, quello stesso estatico delirio che condivide con il maschio in maniera così simile e a volte simultanea, significa l'esatto contrario. Non una fine, ma un inizio.

Inizio di ciò che da milioni di anni, cioè da tutto quel tempo che ha generato in lei le regole del suo sviluppo mentale, rappresenta una vita da custodire e, quindi, una coppia da difendere per meglio proteggere quella vita. Perciò le sue carezze successive all'orgasmo sono lì a dire questo: io ho bisogno che tu rimanga con me. Ella ha infatti appena iniziato il compito che la natura e perfino Dio le hanno assegnato quando è venuta al mondo. Un compito che, almeno per qualche tempo, potrà svolgere al meglio solo assieme a lui.

Ed eccoli, l'uno accanto all'altra, lui e lei, ingenuamente convinti di vivere una stessa emozione, ma in realtà rivolti psicologicamente in direzioni opposte: lui, mani dietro la testa e un sorriso tronfio *rivolto al passato*. Lei, appoggiata al suo petto, un dolce grattino sul fianco e un sorriso sognante *orientato al futuro*.

Scusate, vi stimo troppo per pensare a obiezioni del tipo: tutto questo valeva una volta, oggi anche le donne fanno sesso per puro diletto, che c'entrano i figli e la gravidanza.

Qui stiamo parlando della natura umana. E, come dice Edward O. Wilson (il più grande entomologo vivente) la natura umana consiste nella regola ereditaria dello sviluppo mentale. Queste regole impiegano millenni a radicarsi in noi. Non a caso ancora oggi l'essere umano ha una paura istintiva di ragni e serpenti, che costituivano per noi una seria minaccia nella preistoria, e non per pistole e coltelli che ci minacciano solo da un tempo inferiore. "Da un punto di vista evoluzionistico è trascorso un tempo troppo breve perché la percezione della loro pericolosità possa essersi fissata geneticamente nel cervello."

Inutile dire come le stesse considerazioni possano applicarsi alla recente evoluzione dei costumi sessuali, ai contraccettivi e, quindi, a tutte le stravaganti, curiose teorie sull'uguaglianza tra uomini e donne.

Sgombrato perciò il campo da questo tipo di comprensibili ma ingenue obiezioni, siamo pronti a registrare il dodicesimo principio della diversità e delle relazioni intersessuali, cui darò il nome di Regola prospettica degli orgasmi:

L'ORGASMO PER LA DONNA È UN INIZIO. PER L'UOMO È UNA FINE.

AEP

E allora, già che ci siamo, abbattiamo anche il tabù della prostituzione. Ci si continua a stupire che gli uomini vadano a "puttane". Ma che idiota ipocrisia!

È ovvio che gli uomini ci vogliano andare. Hanno una cosa da fare, e la fanno!

Se possono, gratis. Se no, a pagamento.

Obiezione: lo fanno anche quelli che hanno una donna con cui farlo gratis.

Contro-obiezione: poiché per le donne il sesso è ancorato alla relazione, al diminuire dell'intensità emotiva della relazione, diminuisce anche la loro voglia di fare sesso, cioè: lo vogliono fare meno spesso.

Questo fenomeno non trova riscontro nel maschio che infatti, di solito, dopo un primo periodo paritario, è molto più insistente nei confronti di lei.

Ma in tutto questo, ci siamo forse dimenticati delle nostre due parole-chiave? Certo che no.

D'altra parte, che aggettivo assegnereste a quell'uomo che sviene sul corpo di lei un attimo dopo l'orgasmo?

E quale a una donna che sottopone il suo maschio a un processo estenuante sul tema: "Per te io non conto niente, sono solo una con cui fare sesso"?

E quale sarà mai l'aggettivo più appropriato per l'uomo che inventa cene di lavoro per andare, nemmeno con un'amante, ma con una prostituta, sommando tradimento e rischi sanitari per sé e la sua adorata mogliettina?

Troppo facile. Come la verità, quando è così lampante.

DOPO L'AMORE, I PENSIERI DI UNA COPPIA

LEI *Vorrei stare qui per sempre, con la sua spalla abbandonata sulle mie labbra, e sentire il suo odore, e il ritmo lento del suo respiro...*

LUI *Tra dieci minuti su Rai Tre parte la seconda manche del gigante di Wengen.*

17. ANIME E CORPI

La somma o, se preferite, la fusione tra un'anima e un corpo, noi la chiamiamo *persona*.

Ecco, è sotto gli occhi di tutti che gli uomini concepiscono il sesso come un rapporto fra corpi. In questo senso è per loro, come quasi ogni cosa che fanno e di cui parlano, un'attività. In particolare, come abbiamo detto, un'attività che implica una relazione. Intendo per relazione un rapporto con una persona "intera", cioè anima compresa.

Anche le donne possono fare un sesso esclusivamente corporeo. E lo fanno. Anche per loro può essere un'attività. Punto. Ma loro tendono, e quindi preferiscono, fare sesso con una persona. Non a caso, una delle infinite variazioni del loro rompere le balle agli uomini riguarda questa (reale) differenza che le donne, naturalmente, interpretano come ennesimo segno della loro superiorità.

Il repertorio classico delle accuse comprende infatti frasi come "a te basta che respirino", "tu andresti con la prima che passa", ecc.

Se lui le risponde: "Allora tu con quello là?" lei si difende così: "Io lo conoscevo".

Un giorno una donna di indole sincera e intelligenza acuta disse al suo compagno, che amava e da cui era amata e che, come la maggior parte dei partner maschili, reclamava una maggiore frequenza di rapporti: "Io non faccio sesso per godere, io lo faccio per stare con te". Tradotto: "Se siamo stressati e di corsa, non mi viene voglia, perché a me non viene voglia a prescindere. Mi viene voglia come conseguenza di un momento di rilassata intimità condivisa".

Sintesi, e tredicesimo principio, che chiameremo Regola prospettica generale :

L'UOMO È PER LA DONNA
UNA PERSONA DOTATA DI UN CORPO DESIDERABILE.
LA DONNA È PER L'UOMO
UN CORPO APPARTENENTE A UNA PERSONA ADORABILE.

Ecco perché una donna può difendersi così: "Io lo conoscevo!".

Si dirà "una scusa". Forse (e vedremo subito perché) ma una scusa *al femminile*. A un maschio non viene neanche in mente di difendersi così. Un maschio si difende appellandosi all'umana debolezza ed enfatizzando il livello della tentazione.

In altre parole: lei, forte della propria (reale) attenzione alla relazione con le persone ("lo conoscevo!") critica il maschio per la sua stronzaggine (qui: primato del corpo rispetto all'intera persona) e così facendo può interpretare legittimamente il suo amato, confortevole ruolo di rompicoglioni.

Niente di nuovo sotto il sole. D'altra parte hanno ragione (e torto) tutti e due.

Ragione a essere e difendere quello che sono.

Torto a criticarsi reciprocamente accusandosi di colpe che, in realtà, sono caratteristiche oggettive, profondamente radicate nel loro sesso (per i sofisti, nel loro *genere*).

Per esempio. È una colpa essere sensibili alla pornografia? Probabilmente no, finché non diventa un reato contro la persona.

E poiché è inconfutabile che la pornografia è un mercato quasi esclusivamente maschile, uno la può pensare in due modi:

1. è una prova che gli uomini sono stronzi perché guardano e si interessano a corpi di donne come puri e semplici strumenti di eccitazione. E questo è un giudizio.

72

2. è una prova che gli uomini sono diversi dalle donne perché i corpi delle donne risvegliano in loro un forte interesse, anche a prescindere dalle loro anime. E questa è un'analisi.

Converrete che le analisi consentono di capire più dei giudizi.

Ma c'è un'ultima cosa che si può osservare del rapporto fra uomini e pornografia e che lo dovrebbe riabilitare notevolmente.

Intanto sarete d'accordo che nella graduatoria di gravità dei tradimenti, quello effettuato con un dvd occupa il gradino più basso. Ammesso che occupi un gradino.

Ma soprattutto, consente all'uomo di svolgere un'attività sessuale "pura", che cioè non implica una relazione. E questo è positivo nella misura in cui un uomo quando è spinto esclusivamente da un desiderio "corporeo" tende, per ottenere il consenso di una donna, a simulare un interesse e un coinvolgimento fasulli.

Allora la domanda al tribunale delle donne diventa: "È più stronzo un uomo che gode con un dvd o uno che vi illude di amarvi quando vuole solo portarvi a letto?".

Lo vedete come tutto è più semplice quando, invece di combattere contro la realtà, ci si limita a prenderne atto?

UNDICI E VENTI DI SERA, A LETTO, TELEVISORE ACCESO

LEI *Tanto lo so che quando mi addormento guardi i porno. Mi fai schifo.*

LUI *Una volta li guardavamo insieme.*

LEI *Una volta non dovevo alzarmi alle sette per portare a scuola i bambini, visto che li porto sempre io...*

LUI *Allora come funziona, che ti faccio schifo, o che hai sonno?*

LEI *Con te è inutile parlare...*

LUI *...*

LEI *... comunque tutti e due.*

18. ORGASMI NECESSARI
E ORGASMI VOLUTTUARI

Il titolo di questo capitolo dice già molto e voi, acuti come siete, avrete capito. Ma non affrettatevi ad attribuirmi credenze scontate e convenzionali. Vi stupirò.

Dunque: c'è una clamorosa differenza nel meccanismo di procreazione, il quale, come sappiamo, ma come non dobbiamo mai dimenticare, è all'origine e al governo di quasi tutti i comportamenti animali (uomo compreso) di carattere sia fisico, sia sociale. Sì, amici, ancora adesso! Malgrado la Sacra Inquisizione, Voltaire e la ricerca sulle staminali. Perché fra la Controriforma e i giorni nostri sono trascorsi meno di venticinque millesimi della storia di *Homo sapiens*.

Questa differenza che, a prima vista, appare come una micidiale forma di discriminazione originaria, consiste nel fatto che, per riprodurre la maggior parte delle specie animali, fra cui tutti i mammiferi, uomo incluso, c'è bisogno dell'orgasmo maschile e non di quello femminile.

Prima di proseguire, registriamo questo fatto incontrovertibile come quattordicesimo principio, o Principio di utilità degli orgasmi, secondo cui:

L'ORGASMO MASCHILE È FUNZIONALE ALLA RIPRODUZIONE. L'ORGASMO FEMMINILE, NO.

Restiamo belli freddi e razionali e inoltriamoci come speleologi curiosi dentro a questo curioso fenomeno.

Dicevamo, l'orgasmo femminile non serve alla riproduzione, perché il meccanismo progettato dalla natura prevede che il piacere del maschio corrisponda all'espulsione del seme, mentre la fecondità dell'uovo non ha niente a che vedere con il piacere della femmina. Ora, che cosa ci insegna questo, a livello di uomini e donne del terzo millennio? Be', moltissime cose.

Tra cui, naturalmente, perché gli uomini sono così stronzi e le donne così rompicoglioni.

Cominciamo dagli uomini. Intanto ora dovrebbe essere chiaro perché gli uomini sono più dipendenti, ossessionati, scegliete voi, dal sesso. Per essere neutri: più centrati sul sesso rispetto alle donne.

Il loro desiderio, infatti, è la condizione-base dell'accoppiamento, e quindi della riproduzione. In poche parole, il maschio deve espellere i suoi spermatozoi per riprodurre la specie, quindi la natura ha pensato bene di collegare questo atto necessario a un desiderio forte, insistente e quasi permanente, come il bisogno di bere e di mangiare.

Per questo motivo, la pornografia è un mercato quasi esclusivamente maschile, o al massimo gay, ma quasi per nulla femminile. Per questo, si vendono ancora oggi più facilmente riviste maschili anche di attualità e di cultura se in copertina c'è la foto di una bella donna seminuda. Perché l'uomo ha un interesse naturale e continuo nei confronti del sesso.

Ne ha voglia "a prescindere". Ne ha voglia e basta. Perché ha un bisogno fisico che è stato progettato dalla natura, come al solito, per dare alla sua specie le maggiori chance di riproduzione e sopravvivenza. Gli andrologi, che non sono moralisti, ma scienziati, lo sanno benissimo e prescrivono ai maschi di eiaculare almeno una volta ogni due/tre giorni, per dare normale sbocco ai meccanismi bio-chimici dei loro apparati riproduttivi.

Questo geniale artificio della creazione costringe i mammiferi maschi, e, in forma evoluta, gli uomini, a svolgere i loro due compiti essenziali:

1. competere con gli altri maschi per ottenere il diritto all'accoppiamento (ciò che garantisce alla specie una generazione di qualità, garanzia basata sulle leggi della genetica: più è forte il padre, più sarà forte il figlio).
2. effettuare più accoppiamenti possibili (ciò che garantisce alla specie una generazione di quantità, garanzia basata sulle leggi della probabilità: più numerosi sono i casi possibili, più numerosi saranno i casi favorevoli).

Perciò i maschi sentono che devono darsi da fare. *Devono*, attenzione. Per questo si sentono moralmente più autorizzati delle donne a fare sesso come, quando e con chi ne hanno voglia. Perché anche quando tradiscono, pensano (o credono, decidete voi) di fare qualcosa che appartiene, di più, deriva dalla loro natura. Insomma, stanno adeguandosi a un meccanismo più grande di loro che, come si dice, passa sopra la loro testa. So che cosa una donna aggiungerebbe a "testa", e non posso darle torto.

In ogni caso, per sintetizzare, il sesso è, dal punto di vista dell'uomo, *un piacere necessario,* se preferite un compito piacevole, che solo le convenzioni sociali e, di conseguenza, le prescrizioni morali, hanno trasformato, talvolta, in trasgressione. Il termine "talvolta" può riferirsi, a seconda dei costumi religiosi o locali, restando all'interno del rapporto eterosessuale, al sesso senza procreazione, al sesso prima del matrimonio, al sesso fuori dal matrimonio, e così via.

Ma al riparo dall'occhio giudicante della società o, peggio ancora, della partner, quasi tutti gli uomini sono in pratica sempre disponibili a fare sesso con un essere femminile sufficientemente attraente: un livello di avvenenza che gli uomini chiamano, con una colorita espressione, *soglia di trombabilità.*

In questa ottica stupisce solo i moralisti più ottusi il fatto che un leader politico o un miliardario possano approfittare del loro potere per incrementare esponenzialmente il numero dei rapporti sessuali e delle partner.

Il fatto per esempio che John Fitzgerald Kennedy si facesse procurare ogni giorno una partner diversa non è un gossip ma un dato storico. I moralisti giudicano il fatto riprovevole, gli sprovveduti lo archiviano come una sorta di malattia, di disturbo. Ma la maggior parte dei maschi, in cuor loro, invidiano un comportamento del genere. E i più onesti ammettono che la prospettiva di un simile stile di vita rappresenta uno dei miraggi che li spinge alla ricerca del potere.

Riassumendo, c'è una prescrizione naturale che va a scontrarsi, almeno nelle civiltà monogamico-cristiane, con la prescrizione morale che invita a una sessualità controllata. Ora, a noi che, come amiamo ripetere, adottiamo gli occhiali degli analisti e non il bastone dei predicatori, non interessa stabilire se gli uomini debbano seguire la prima, fregandosene di compagne e famiglie, o la seconda, controllando i loro istinti primordiali. Ci interessa aver capito che la stronzaggine degli uomini in campo sessuale, vera o presunta che sia, proviene in gran parte da questo affascinante, inesauribile, meschino, e forse inevitabile conflitto. Un conflitto reso acuto dal bizzarro e insieme geniale disegno naturale che impone agli uomini di associare all'atto generativo la soddisfazione di un piacere. E probabilmente proprio per questo, fa assumere al desiderio le subdole ma efficaci sembianze di un bisogno.

Con la stessa tecnica, guardiamo adesso dalla parte della donna, già presagendo la soddisfazione di trovarci, alla fine, di fronte a una nuova, granitica conferma delle nostre tesi.

La femmina, per "stare al gioco" della natura, più è ritrosa e meglio è. Perché la sua resistenza è l'ennesimo e ultimo banco di prova per il maschio, il quale, superandolo dopo aver prevalso nel durissimo torneo a eliminazione con gli altri maschi, dimostrerà finalmente di essere abbastanza forte da meritare la continuità del proprio arsenale genetico.

Questo comportamento è ovviamente facilitato dal tipo di bisogno sessuale che la natura ha assegnato loro: un bisogno non urgente e indiscriminato come quello del maschio, ma più psicologico e selettivo.

Anche la femmina, infatti, ha due compiti essenziali rispetto alla sua specie:

1. scegliere il maschio più forte (contribuendo così all'aspetto qualitativo della specie).
2. proteggere gli individui e il gruppo familiare (contribuendo così all'aspetto quantitativo).

Essere meno dipendente dal sesso rispetto al maschio le consente di svolgere al meglio il primo compito.

Quanto al secondo compito, be', la natura, ovviamente, ha pensato anche a quello.

È stato infatti recentemente dimostrato che l'orgasmo femminile determina la produzione dello stesso ormone liberato al momento del parto: un ormone che ha lo scopo di legare psicologicamente la donna rispettivamente al partner e al figlio, con l'ovvia conseguenza di aumentare il suo desiderio di conservare/rafforzare il rapporto con il partner e con il figlio, cioè, in definitiva, di difendere il nucleo familiare.

Ed eccoci, magicamente, di nuovo qui.

Sia la ritrosia selettiva della donna, sia il suo, potremmo dire, automatico, psico-biologico attaccamento al partner, concorrono a fare di lei, oltre che l'ottima compagna che tutti sanno, la grande rompicoglioni che ormai conosciamo.

La ritrosia sessuale, insomma il suo sostanziale distacco, o se preferite governo dell'istinto sessuale, la autorizza infatti, con pieno e giustificato diritto, a rompere le palle al maschio additato come primitivo, cavernicolo sessuomane da strapazzo.

L'ormone del legame la indurrà invece, sia pur per i nobili e necessari obiettivi che abbiamo descritto, a instaurare, da lì in avanti, quel tipo di controllo paranoico-ossessivo nei confronti di figli e compagni a cui noi abbiamo dedicato metà titolo del presente trattato.

Ma non è tutto.

Queste considerazioni, che si limitano a descrivere la realtà, sembrerebbero implicare che gli uomini abbiano più rapporti sessuali delle donne, cosa che, come abbiamo visto, è in parte vero, se mettiamo nel conto i rapporti mercenari, che, dal punto di vista delle prostitute, non sono certamente dei "veri" rapporti sessuali.

Ma, a parte questo, per una evidente logica aritmetica, uomini e donne fanno sesso fra loro, prima, durante e fuori dal matrimonio, per fare figli e no, con uguale frequenza, crescente disinvoltura e sempre meno (apparenti) differenze di approccio.

Questo appare chiaro soprattutto osservando le donne. Sono loro, infatti, ad aver modificato di più il rapporto con il sesso negli ultimi decenni, almeno, certamente, nel mondo occidentale. Oggi le donne si fanno molti meno problemi di una volta a prendere l'iniziativa, a fare sesso con sconosciuti incontrati in una discoteca o contattati apposta su una chat.

Come si spiega questo? Con una semplice riflessione. Le donne, sulla base del meccanismo primordiale descritto, dovrebbero in teoria attendere che il maschio più forte prevalga e acquisisca il diritto ad accoppiarsi con loro. Poi dovrebbero fare un po' le ritrose e, infine, concedersi a lui, godendone in modo eventuale e, comunque, accidentale.

Ovviamente, e per fortuna, non funziona più così. O meglio, funziona così fino a un certo punto.

Gli uomini, infatti, si battono ancora davanti alle donne per dimostrare la loro superiorità rispetto ai rivali. Certo, a parte episodi di arcaica brutalità fra bulli d'altri tempi, non è più una competizione fisica, diretta e violenta. Il confronto si è spostato sullo scenario dei costumi sociali, insomma sul piano culturale. Per cui il maschio forte, quello da preferire, è colui che eccelle in una graduatoria frutto dell'incrocio tra valori dominanti e valori personali, soggettivi, della donna "in palio". In base a questo estemporaneo sistema di riferimento, il maschio cercherà quindi di mostrarsi più bello, o più colto, o più divertente, o più ricco, o più potente, a seconda dei suoi punti di forza e delle aspettative della femmina individuata.

Cambiano le variabili, ma il meccanismo rimane lo stesso. Per questo bisognerebbe evitare, per esempio, di liquidare come ciniche calcolatrici, per non dire zoccole, le ragazze giovani e bellissime che si fidanzano con uomini ricchi e potenti, molto più anziani di loro. Certo, non si può mai escludere una scelta di comodo, ma neanche, per quello che abbiamo imparato, una adesione pura, semplice e istintiva al Grande Imperativo Naturale.

Quanto alla ritrosia, questa attitudine, che come sappiamo è inscritta in un antico ed efficacissimo rituale, sembra in rapido declino, ma mantiene una sua attualità, come la maggior parte dei maschi sa benissimo. Insomma, la donna continua a essere un oggetto dei desideri non esattamente, o almeno non sempre, non ovunque e non per tutti, a portata di mano.

Dove invece è in atto una straordinaria rivoluzione è proprio nell'area del piacere. In questo ambito, le donne occidentali stanno legittimamente approfittando di tre fattori coincidenti.

Uno se lo sono guadagnate, ed è l'equiparazione ai maschi in termini di diritti (quasi fatto) e di opportunità (molto ancora da fare).

Il secondo e il terzo sono il frutto della crisi delle ideologie, specie religiose, e quindi, come dicono i colti, della secolarizzazione dei valori: si tratta del trionfo del piacere come *driver* principale dell'attività umana e dello sdoganamento della trasgressione come segno di personalità autonoma e brillante.

Questi tre fattori stanno rendendo il sesso un'attività molto più gratificante per le donne che non per gli uomini. Il godimento sessuale non è infatti per le donne, come abbiamo visto e, spero, dimostrato, un dovere naturale, ma un piacere voluttuario. Insomma: un puro piacere, che, proprio in quanto tale, incontra oggi un terreno sociale più favorevole alla sua piena e libera soddisfazione.

Quindi, quando è "regolare", cioè interno alle residue prescrizioni morali del tempo e del luogo, offre alla donna lo stesso livello di soddisfazione del maschio, perché la donna non ha più alcuna remora a ricercare e rivendicare nel rapporto il migliore orgasmo possibile.

E, quando è "irregolare", dà probabilmente più soddisfazione alla donna che all'uomo, perché in lei è libero da quel tipo di ossessione doveristica che di fatto limita il godimento del maschio all'interno di un copione scritto e perfino prescritto.

Per lei è solo un semplice, meraviglioso mix di piacere e trasgressione: il massimo, di questi tempi. E, in un certo senso, una bella rivincita per un sesso che, specie in questo campo, esce da millenni di durissima e spesso criminale repressione maschile.

La donna ha però ancora, in molti casi, il gigantesco problema di un partner che *pretende* la sua prestazione sessuale. Anche la donna ha perciò, sotto questo aspetto, un lato del sesso che vive, suo malgrado, in modo doveristico. Un dovere di concedersi al maschio che in certi casi è esclusivamente una imposizione materiale vissuta e subita giustamente come un'atroce violazione della persona, ma in altri casi è talmente, subdolamente penetrato nella sua coscienza attraverso gli usi e le consuetudini, da confondersi, dentro di lei, con una vera e propria legge naturale e morale, a cui le appare giusto sottostare.

In sintesi, perciò, potremmo dire, ratificando il quindicesimo dei nostri principi, definibile come Dinamica dei piaceri e dei doveri, che:

LE DONNE VIVONO IL SESSO COME UN PIACERE E, TALVOLTA, COME UN DOVERE MORALE VERSO IL MASCHIO.

GLI UOMINI VIVONO IL SESSO COME UN PIACERE E COME UN DOVERE NATURALE VERSO SE STESSI.

DUE AMICI, DUE AMICHE

GIGIO *Mi sono fatto la Laura.*

LUCA *La Laura? Ma ti piace?*

GIGIO *Insomma... però me l'ha messa su un piatto d'argento...*

LUCA *Com'è andata?*

GIGIO *Benissimo. A parte che ovviamente ho dovuto portarla a cena, vabe', zero voglia, però gran bella trombata.*

LAURA *L'ho fatto con Gigio.*

TITTI *Finalmente! Com'è andata?*

LAURA *La cena, carinissima... lui, un amore. Sono stata bene, non ha fatto il figo, mi ha ascoltata, ti dico, un amore.*

TITTI *E poi?*

LAURA *Ma niente, normale.*

19. GELOSIA
E ONORE

Adesso voi direte:"Dài, qui siamo tutti uguali. Uomini e donne sono gelosi allo stesso modo. Dipende dal carattere, non dal sesso. La differenza, semmai, è nella gestione della gelosia. Gli uomini picchiano, a volte uccidono. Le donne, di solito, no".

Vero: la gestione della gelosia, e aggiungo, le sue conseguenze sono molto diverse.

Ma questo, secondo me, è il segnale che le due gelosie non sono uguali. Non parlo di quantità. Terreno impervio, non misurabile. Parlo di qualità. Ancor meno misurabile, ma almeno evidente.

Mi spiego.

L'essenza del maschio è azione e competizione.

La natura gli ha prescritto di prevalere sugli altri maschi del branco per corteggiare liberamente le femmine, ottenerne la preferenza e accoppiarsi in santa pace, trasferendo alla specie la sua forza e la sua prestanza. Perciò, il suo rapporto con la femmina è, in natura, un diritto che gli deriva da un riconoscimento sociale. E, quindi, si traduce in segno di prestigio.

Da qualche parte, ancora oggi, questo prestigio si chiama onore.

Gli uomini di una volta, e alcuni, purtroppo, anche di adesso,"lavavano l'onore" con orrendi delitti.

Ovviamente il punto non è giustificare quei delitti. È decifrare i meccanismi per capire le differenze di funzionamento fra uomini e donne

E la differenza è proprio lì: lavato l'onore, finita la gelosia.

Quindi? Quindi la gelosia del maschio ha una forte componente sociale. Talmente forte che può diventare prevalente.

Ho intervistato molti *uomini d'oggi* sull'argomento "corna". Nove su dieci hanno ammesso: "Se fossi sicuro che nessuno lo sa, mi peserebbe molto meno".

Questo aspetto, che si pone in perfetta armonia con la stronzità del genere, da un lato conferisce al cornuto maschio una sofferenza supplementare. Non a caso, *cornuto,* aggettivo di scherno atto a demolire il prestigio sociale di un individuo, è utilizzato quasi esclusivamente al maschile.

La condizione di cornuto, infatti, detronizza il maschio del suo (provvisorio e oggi, ovviamente, immaginario) ruolo di capobranco, ruolo conquistato proprio grazie all'esclusiva ottenuta sulla *sua* donna.

D'altro canto, però, questo aspetto della gelosia maschile rende la sofferenza più leggera in quanto, se non altro, molto più breve. Transitoria.

Infatti (anche senza, si spera, dover lavare l'onore) basterà riavviare il circolo virtuoso: *conquista – esclusiva – prestigio* per rimettere le cose a posto e buttarsi, senza particolari timori o preoccupazioni, in una nuova storia d'amore.

Come al solito: *provare – agire – tutto da guadagnare.*

È vero o no, che per una donna è diverso?

È diverso. È l'opposto.

La gelosia può spezzare una donna. O danneggiarla irreparabilmente. Numerose, grandi scrittrici ce l'hanno spiegato molto bene. Un tradimento può cancellare il senso della vita di una donna. Perché? Per lo stesso meccanismo descritto prima, visto dal lato opposto.

L'essenza della donna è scelta e conservazione.

La natura le ha prescritto di scegliere il maschio più bello e più forte. Poi la cultura, per fortuna di tutti i maschi morfologicamente normali, ha riformato il concetto, correggendolo in "il maschio migliore".

Perciò da quando lei *lo ha scelto* è convinta che sia lui. L'unico. Perché di migliori non ne possono esistere due!

Per questo la gelosia di una donna è indefinitamente più dolorosa di quella di un uomo. Perché il tradimento, l'abbandono da parte di lui, spezza o danneggia un'identità che è stata progettata e costruita attorno alla relazione con lui.

Certo, avrebbe potuto essere lei a lasciarlo. Ma lo avrebbe fatto per un nuovo amore, e quell'amore le avrebbe *fatto capire*, come dicono le donne, che l'altro non era, come lei pensava, *quello vero*. Che non era *l'uomo della sua vita*.

Ma finché lo è, ed è lui a tradirla, la gelosia di lei è qualcosa che assomiglia a una morte interiore, un sentirsi traditi, attraverso lui, da tutto il mondo, da tutto il creato: una perdita di senso che è perdita, in uno stesso istante, di un *chi*, di un *dove*, di un *come* e di un *perché*.

Se non si capisce questo, è anche impossibile capire perché le mogli lasciate si comportino, nel novanta per cento dei casi, peggio dei mariti. Perché usino i figli in maniera così spregiudicata e pregiudizievole anche della serenità dei figli stessi.

Ragioni per le quali, non senza una certa dose di sincera commozione dovuta alla forza drammatica dell'argomento, siamo pronti a fissare il sedicesimo e il diciassettesimo principio della diversità e delle relazioni intersessuali, che possiamo definire, rispettivamente, Regola delle identità incrociate e Paradigma delle gelosie.
Regola delle identità incrociate:

L'IDENTITÀ DI UN UOMO SI DEFINISCE NEL FARE E SI RAFFORZA NELLO STARE CON **UNA** DONNA.

L'IDENTITÀ DI UNA DONNA SI DEFINISCE NELLA RELAZIONE E SI RAFFORZA NELLO STARE CON **QUELL'**UOMO.

Paradigma delle gelosie:

LA GELOSIA MASCHILE SCATURISCE DA UNA CRISI DI RUOLO. LA GELOSIA FEMMINILE DA UNA CRISI DI IDENTITÀ.

DUE AMICHE, DUE AMICI

MANU *Ma lo tradisci ancora Stefano con quello là, come si chiama... Andrea?*

MIMMA *Ma no, era un brutto periodo, non stavamo bene, adesso è tutto a posto...*

MANU *Sono felice per te.*

MATTEO *Ma la tradisci ancora Giulia con quella là, come si chiama... Claudia?*

FRANCO *No, non me la dà più. Non so, si è innamorata...*

MATTEO *Che sfiga.*

20. TRADIRE CONTRO, TRADIRE PER

Vabe', visto che siamo in ballo, balliamo.

Dal sesso al tradimento, il passaggio è quasi obbligato.

Anche qui, cominciamo da due luoghi comuni. Il primo afferma che gli uomini tradiscono più delle donne. È così vecchio che anche la sua smentita ha avuto il tempo di diventare un luogo comune. La smentita poggia su un dato logico aritmetico inconfutabile: se un uomo tradisce una donna, lo fa con un'altra donna. Quindi, pareggio. Però attenzione, il sillogismo nasconde una trappola.

Come si determina la classifica? Se conta il numero complessivo degli atti sessuali, il pareggio è ovvio. Se però contano, come appare più corretto, il numero dei veri tradimenti, cioè degli atti compiuti in regime di coppia con persone diverse dal compagno, allora le carte si mescolano un po'!

Per capirsi, riduciamo sperimentalmente l'universo a quattro uomini e quattro donne, fra cui una prostituta. Chiamiamo Alberto, Bruno, Carlo e Danny gli uomini e Emma, Federica, Giovanna e Jessica le donne, dove Jessica è il nome della prostituta.

Poniamo che, quando gli otto non sono single, essi formino le seguenti "coppie fisse": Alberto ed Emma, Bruno e Federica, Carlo e Giovanna, Danny e Jessica. Certo, anche le prostitute hanno i loro bravi (o non bravi) compagni.

Ora poiché il numero di atti sessuali etero risulterà per definizione uguale tra i due generi, concentriamoci sui veri tradimenti.

Innanzitutto, se Alberto, Bruno e Carlo fanno sesso con Jessica si registrano tre atti sessuali che vedono traditori tre uomini, tradite tre donne e traditrici nessuna, non essendo considerabile tradimento lo svolgimento da parte di una prostituta della sua professione alla luce del sole. O della luna.

Quindi:

CLASSIFICA PROVVISORIA

	Uomini	Donne
Tradimenti	3	0
Traditori	3	0
TOTALE	6	0

Nel frattempo, come la vita ci insegna, Alberto ci prova con le donne di Bruno e di Carlo, Bruno con le donne di Carlo e Alberto e Carlo con le donne di Alberto e Bruno, ottenendo tutti e tre via libera solo da Federica e da Giovanna, e non da Emma, per le ragioni che vedremo più avanti.

Innanzitutto questa simulazione, peraltro statisticamente molto prossima alla realtà, come sappiamo tutti, introduce un'altra interessante categoria: *i tentativi di tradimento*.

Inoltre, essa continua, ovviamente, a mantenere in pareggio il dato irrilevante degli atti sessuali (nove, i tre con Jessica più i sei dei tre fedifraghi con le due donne altrui). I veri tradimenti diventano invece nove, cioè tutti, da parte degli uomini, ma solo sei da parte delle donne, avendo stralciato come prestazioni i tre amplessi di Jessica.

I tentativi, fra riusciti e non, diventano invece undici per gli uomini, poiché includono quelli verso Emma, e, immaginando una pari complicità negli altri casi, si fermano a sei per le donne.

I traditori fanno ovviamente 3 a 2 per gli uomini.

Quanto ai traditi, farebbe 3 a 3, ma non possiamo ignorare la condizione di Emma che, sola fra sei (escludendo la coppia atipica Danny-Jessica) a essere tradita e non traditrice, incarna la crudele ma efficace definizione di "cornuta e mazziata".

CLASSIFICA FINALE

	Uomini	Donne
Tradimenti	9	6
Traditori	3	2
Tentativi	11	6
TOTALE	23	14

L'esperienza ci dice che il conteggio è, se non preciso, realistico.

La differenza esiste ed è dovuta a due fattori. Uno lo abbiamo citato: la prostituzione, o meglio, il ricorso alle prostitute che alimenta un mercato immenso, florido e, sostanzialmente, unilaterale.

Il secondo è il fattore I. I sta per innamorata. Lo sappiamo, lo sapete. Una donna innamorata non si può dire che non possa tradire, ma visto che qui ci interessa solo il confronto con gli uomini, be', lo vogliamo dire?, *fa un po' più fatica a tradire*.

Il perché oramai lo sappiamo. Lei, più o meno consapevolmente, ha fatto una vera scelta. Come succede fra gli altri animali, i maschi si sono battuti, pavoneggiati, hanno sciorinato, a seconda delle loro possibilità, simpatia, cultura, denaro, potere, bellezza, per diventare *il maschio di lei*, il migliore, quello giusto, o, come direbbe lei: *l'uomo della sua vita*.

Ecco una frase che dicono molto di più le donne degli uomini. *La donna della mia vita* è poco usato e quando lo è, lo è a posteriori. "Ho capito che era la donna della mia vita." Le donne lo dicono prima. Loro lo cercano, lo vogliono. L'uomo della loro vita è buona parte del senso della loro vita. Perciò, anche loro fanno sesso con chi ne hanno voglia, ma lo fanno più volentieri se quell'uomo ha qualche vaga chance, magari immaginaria o addirittura inventata, di essere, nascosto sotto le sembianze di un'avventura, l'uomo della loro vita.

Pasquale Panella, in uno straordinario testo scritto per Lucio Battisti e, secondo noi, molto più femminile che maschile, afferma:

"È sempre per prova che sulle labbra torna la parola amore".

Una prova di vitale importanza, per uomini e donne, ma, soggettivamente, "più vitale" per le donne.

Se chiedete a dieci donne qual è la cosa più importante della loro vita, più della metà diranno l'amore, ma quel che più conta, non ci penseranno un solo istante.

Gli uomini diranno più cose, magari a pari merito con l'amore: il lavoro, l'amicizia, ecc. Ma, soprattutto, ci pensano su prima di rispondere.

Perciò, quando le donne lo trovano, questo amore, lo considerano un miracolo e un bene veramente prezioso. Qualcosa di sacro.

Ecco, è quel senso di sacralità che le distingue dai maschi. E che le fa tradire quell'amore con minore facilità e leggerezza. Perché una donna, lo abbiamo detto, si realizza soprattutto nella relazione. Sono le relazioni umane a dar senso alla sua vita. Più che alla vita di un uomo. E se tutto questo è vero, allora, quando una donna tradisce un amore, perché e come lo fa in modo diverso da un uomo? La risposta è nelle vostre vite e quindi, come al solito, lo sapete già. Io, semplicemente, la trascrivo, assegnandole il prestigioso titolo di Principio teleologico dei tradimenti:

LE DONNE TRADISCONO CONTRO. GLI UOMINI TRADISCONO PER.

Le donne, quanto a sensualità, desiderio, voglia di intensità e di evasione ne hanno come e più degli uomini, ovviamente. E questo basta a loro, come agli uomini, per fare sesso con chi vogliono e quando vogliono. Ma se amano, è più facile che tradiscano per ripicca, per vendetta, per fargliela pagare. A noi non interessa sapere se è una scusa. Quello che ci interessa è che l'uomo non ne ha bisogno.

Chiedete a dieci donne non single perché hanno tradito il loro uomo. Ognuna vi dirà, per prima cosa, che non stava passando un bel periodo con lui. L'aveva delusa. L'aveva trascurata. Lo vedete? È andata con un altro, ma continua a parlarvi di lui.

Chiedete a dieci uomini: "Perché hai tradito la tua donna?".

Non vi parleranno di lei, ma di quell'altra. "Troppo bella. Troppo sexy. Troppo facile. Inevitabile. Obbligatorio."

Perché un uomo, quando va con un'altra donna, non ne sta scegliendo, preferendo un'altra al posto della sua. Semplicemente, sta avendo un'altra donna.

Una donna, invece, deve sempre capire chi ama e chi no. E quando ha deciso, è così. Può conservare due uomini per anni, ma se è sicura che l'amante coincida con l'amore, state certi: sarà lei a insistere per fuggire insieme, e lui a resistere.

Poi, quando e se lui si decide, lei se ne va subito. Il tempo di fare la borsa.

21. RAGIONE
ED EMOZIONE

Bene, ora che abbiamo saldamente in mano il bandolo, possiamo continuare a sbrogliare la matassa con una fiducia e un entusiasmo, ci pare, ben giustificati.

Uno dei nodi classici del matassone "uomini e donne" riguarda il binomio ragione-emozione. Una diceria che non merita il rango di luogo comune abbina il maschio alla prima e la donna alla seconda.

Chiunque osservi anche distrattamente la realtà, sa che è una sciocchezza.

Certo, le donne in genere si commuovono di più, appaiono più vulnerabili a certe sollecitazioni emotive a cui gli uomini sembrano immuni, ma, d'altro canto, richiamano spesso il loro partner alla prudenza, a un maggiore realismo, a tenere i piedi per terra.

Come funziona allora?

Per capirlo dobbiamo riafferrare il nostro bandolo: i nodi si scioglieranno!

Le donne sono interessate alle relazioni. Ciò le rende appassionate del settore.

In quanto appassionate sono più partecipi e quindi emotivamente più esposte. Ma allo stesso tempo, proprio per questa passione, sviluppano un'esperienza maggiore di quella maschile nella *rete di relazioni*.

Questa rete è per loro un intreccio di strade regolate da norme chiare che esse percorrono con l'ausilio di un navigatore efficace, il cui hardware è nel loro dna e il cui software subisce continui aggiornamenti sulla base di esperienze vissute in diretta e poi mille volte riviste, analizzate e rielaborate attraverso replay solitari – lunghe riflessioni diurne e notturne – e talk-show con amiche e sorelle. Non di rado questi ultimi coinvolgono anche alcuni selezionati amici maschi cui esse, infatti, attribuiscono "una notevole sensibilità frutto di una forte componente femminile".

Tutto ciò consente alle donne di affrontare il mondo delle relazioni (cioè, dal loro punto di vista, *il* mondo) con due modalità diverse e opposte, a seconda dei casi.

L'approccio emotivo è quello del primo impatto. Quando succede qualcosa nell'ambito dei loro rapporti, le donne reagiscono generalmente in *modalità cane.* Scusate la digressione ma qui è utile. I cinesi dividono gli essere umani in *tipo gatto* e *tipo cane,* a seconda di come reagiscono a un evento improvviso.

I tipi gatto, come i gatti veri, se succede qualcosa si fermano, tacciono, osservano. Non fanno nulla finché non hanno valutato esattamente la situazione. Prima capiscono, poi fanno.

I tipi cane, come i cani veri, prima di capire che cosa è successo, si agitano, esternano, agiscono. Se si muove un cespuglio, corrono a massima velocità verso il cespuglio, che ovviamente potrebbe nascondere qualsiasi entità: da un coniglietto a un grizzly. Non importa, il cane prima fa e poi (forse) capisce.

Detto in altre parole, le reazione-gatto è razionale/strategica. La reazione-cane è emotiva/impulsiva.

Tornando alle nostre amiche donne, esse tendono, all'inizio, ad attivare la modalità-cane. Perché ci tengono troppo, e quindi sono fragili, permeabili. Mille volte più degli uomini. L'evento relazionale le tocca sul nervo e loro reagiscono. Emotivamente. Impulsivamente.

Ma poi, come si dice, *a bocce ferme,* si rendono conto che il terreno d'azione è il loro, è la loro specialità. Allora riprendono, anzi, *prendono* il controllo, e adottano la modalità-gatto.

È lì che cambiano faccia e smentiscono lo stereotipo, appena confermato, della donna emotiva. Lì diventano gli esseri più razionali del mondo e decidono, in base alle loro personali graduatorie di valore e di convenienza, chi premiare, chi punire, chi aiutare, chi manipolare ai propri fini.

In sintesi le donne, nel campo delle relazioni, sono emotive per passione e razionali per esperienza.

Gli uomini, dal canto loro, per navigare nelle relazioni sono dotati di un hardware rudimentale e di un software che si aggiorna con imbarazzante lentezza. Insomma non hanno strumenti adeguati per cui si sentono, giustamente, indifesi. E qui scatta la loro emotività. Non l'emotività della passione, ma quella della paura. Entrano in modalità-cane. Ma è un cane totalmente impreparato, costretto a improvvisare una parte che, di fatto, non conosce, non essendosi mai applicato a impararla.

Perciò abbaia a casaccio, corricchia dalla parte sbagliata, inciampa, sbatte. Fa casino. A differenza della donna, è emotivo per (insufficiente) esperienza.

Mentre appare ed è più razionale nella misura in cui i drammi relazionali lo coinvolgono meno e, quindi, gli consentono di conservare facoltà analitiche che, almeno in certe fasi, sono precluse o offuscate nella maggior parte delle donne. Cioè l'uomo, anche in questo caso al contrario delle donne, è razionale per (mancanza) di passione.

È evidente perciò che le etichette "razionale" ed "emotivo" non possono essere assegnate a lui o a lei a prescindere dagli ambiti e dalle circostanze. Tenderei a pensare che le due risorse siano disponibili in egual misura nei due generi, ma l'adozione delle due modalità dipende dai contesti in cui si trovano ad agire.

Quello che però si può dire è che, in ogni circostanza, maschi e femmine tendono ad assumere atteggiamenti che hanno motivazioni e/o modalità opposte.

In particolare, la razionalità degli uomini sembra favorita da un basso livello di passione per le relazioni, mentre l'emotività è alimentata da una scarsa esperienza/abilità in questo settore.

Al contrario, l'emotività della donna è sostenuta da una forte passione per le relazioni e la sua razionalità da una grande esperienza/abilità nel settore

Fin qui abbiamo osservato agire le due facoltà, razionale ed emotiva, nel campo delle relazioni (il terreno delle donne), ma lo schema divergente si ripete anche nelle attività (il terreno dei maschi).

In questo campo è lui a essere appassionato e interessato.

Perciò tende ad agire con entusiastica/ingenua emotività. Succede quando gli offrono un nuovo lavoro, quando gli propongono un investimento, quando ha un'idea imprenditoriale. Se, a occhio, si può fare, lui lo vuole fare. Perché lui è al mondo per quello. È al mondo per fare. E per fare deve, vuole provare a farlo.

Provare. Ecco un altro verbo che li divide. Lei capisce, accetta e a volte trae buoni vantaggi dal suo fare. Ma provare, mio dio, provare no. Perché lei è al mondo per conservare, per mantenere. Lei vuole certezze.

D'altra parte ha le sue buone, ottime ragioni per frenare gli slanci di lui

Quegli slanci, infatti, tendono a non tenere in gran conto le conseguenze che, in caso di fallimento, si abbatterebbero sui compagni di vita: moglie e figli *in primis.*

Perciò lei che cosa deve fare? Deve invitare lui a riflettere, a considerare. A essere più razionale. Insomma non può evitare di rompergli, un pochino, le palle. Perché lui, lasciato a se stesso, deciderebbe, un pochino, da stronzo.

La razionalità, infatti, ha a che fare con il tempo. Ragionare significa mettere in relazione i fatti, e prevedere come si combineranno per generare quali conseguenze.

Non che le donne siano più razionali in quanto più orientate al futuro. Anche gli uomini lo sono: non fanno che progettare, intraprendere, immaginare.

Ma per agire devono essere ottimisti. Quindi la loro razionalità privilegia gli indizi positivi, perché è guidata, sottomessa alla passione del fare. Una razionalità, si potrebbe dire, dominata da un'emozione: il sogno di guadagnare. Non solo denaro, simbolo di vittoria, ma cose nuove, nuovi territori, nuove cose *da fare*.

La donna è ugualmente orientata al futuro. Ma lo guarda con preoccupazione, come qualcosa che potrebbe danneggiare lo stato presente. Quindi la sua razionalità privilegia gli indizi negativi. E questo la fa apparire, riguardo alle attività proprie e altrui, più razionale dell'uomo. Ma anche questo è un errore. Perché anche la razionalità della donna è dominata da un'emozione: la paura di perdere quello che ha. La paura che le cose nuove si portino via le cose che ha.

Una persona a me molto vicina, un maschio, a ventisette anni era dirigente di una multinazionale, casa di due piani pagata dall'azienda, carriera danarosa davanti a sé. E una figlia di due anni.

Lasciò tutto per aprire una società.

Da zero.

Lui ebbe successo, ma in quel momento come l'avreste giudicato nei panni della sua partner? E come vi sareste comportati?

E chi fra voi due sarebbe stato quello razionale?

Traete voi le conclusioni. Ma qualsiasi esse siano, non vi sfuggirà che tutti gli stereotipi correnti riguardo al sistema "uomini, donne, emozione, ragione" vanno riconsiderati illuminandoli alla luce delle nostre, ormai mi auguro condivise, nuove acquisizioni.

Un terreno di indagine che, quindi, dischiude nuovi e intriganti prospettive. Lungi da me la presunzione di esaurirle qui e adesso.

Posso però, anzi devo, a questo punto, vergare un ulteriore, seppure ampio principio della diversità e delle relazioni intersessuali, che chiameremo Principio di distribuzione della razionalità e dell'emozione, secondo cui:

UOMINI E DONNE RAGIONANO E SENTONO IN MODO SIMILE, MA CON OBIETTIVI DIVERSI.

SCAMBIO DI VEDUTE

LUI *Ho avuto una nuova idea di business.*
LEI *Piuttosto, hai chiamato tua madre?*

22. NUMERI UNO
E NUMERI DUE

È straordinario come queste dinamiche trovino virtuose applicazioni nel mondo del lavoro.

Moltissimi numeri uno nelle imprese sono maschi. Poiché questo libro non si occupa di uguaglianze ma di diversità, non perderemo tempo a discutere sui pregiudizi e sulle discriminazioni come cause prevalenti di questo squilibrio.

Qui ci interessano altre cose.

Per esempio: come mai molti capi maschi scelgono una donna come loro numero due?

La ragione è molto semplice. I manager più in gamba conoscono perfettamente i propri limiti. Sanno che il loro lavoro è composto da sei aspetti fondamentali:

– opportunità
– rischio
– azione
– controllo
– relazioni esterne
– relazioni interne

Ed essendo maschi, sanno di essere più forti negli aspetti dispari: opportunità, azione, relazioni esterne, che in quelli pari: rischio, controllo, relazioni interne.

Sappiamo già il motivo relativamente a quattro delle sei voci. Vi sorprenderà invece che abbia inserito il campo"relazioni esterne"in terreno maschile. Non deve sorprendervi. Le relazioni esterne non sono vere relazioni. Sono attività di contatto in cui entrambe le parti sanno che l'interesse è il fattore guida.

Se poi c'è simpatia e affiatamento, ogni cosa funziona meglio. Ma è tutto lì.

Ci si vede per *fare insieme qualcosa*. Come i compagni di gioco.

E infatti, spesso, gli uomini che fanno business si incontrano su una barca, o su un campo da golf, o in un ottimo ristorante.

Le relazioni interne, invece, quelle funzionano solo se l'interesse per i collaboratori è frutto di un'attenzione autentica alle persone: alla loro sfera emotiva e affettiva. Insomma, se sono relazioni *vere*. E in questo, non ce n'è, è più brava una donna.

Come è più brava una donna, per tutto ciò che sappiamo, a prevedere i rischi e a tenere le cose sotto controllo. Anche in azienda, infatti (e come potrebbe essere diversamente?) le cose funzionano così: uomini orientati a cogliere le opportunità (tutto da guadagnare) attraverso l'azione, donne imbattibili nel prevedere i rischi (tutto da perdere), tessere relazioni personali e controllare/conservare un sistema, un assetto. Un ambiente comune.

Ma esiste un perché alla prevalenza di numeri uno maschi oltre a un idiota quanto innegabile pregiudizio sessista?

Secondo me ne esistono parecchi.

Primo. La cultura d'impresa non indica nella qualità delle relazioni interne e nel controllo i principali fattori critici di successo. È opinione diffusa che il fattore principale sia la capacità di azione come chiave di conquista. Un'idea di successo, come abbiamo visto, e certamente non a caso, molto maschile.

Secondo. Per diventare capi bisogna volerlo. I maschi, per dna, vogliono il potere più delle femmine. Perché per riprodursi il maschio dei mammiferi deve diventare il capobranco. E di capobranco ce n'è uno solo. Perciò tutta la vita del mammifero maschio ha come scopo la conquista della supremazia.

Anche in azienda c'è un solo numero uno. Perciò il mammifero maschio travestito da impiegato dedicherà tutte le proprie energie a diventare capo. Non vi sfuggirà che questo obiettivo non necessariamente coincide con quello dell'azienda. E infatti, se ci pensate bene, spesso gli uomini lavorano con più superficialità e meno rigore aziendalista rispetto alle loro colleghe donne. Ma sono più bravi a *mettersi in mostra*, o, come si dice, *si vendono meglio*. Non è affatto casuale, ma è coerente con una strategia orientata a privilegiare i temi su cui si gioca la carriera, e cioè quelli a cui è più sensibile il capo: quelli che *lui* vede e sente di più. E poiché di solito *lui* è un maschio, l'impiegato maschio ha un ulteriore vantaggio nella corsa al vertice: capisce meglio il numero uno.

Il capo, però, a sua volta, capisce benissimo i criteri con cui agiscono i suoi impiegati maschi. E ha chiarissimo il problema di colmare le loro lacune. Problema che risolve in che modo? Con le donne. Molto più affidabili e costanti. Le donne: le uniche in grado di riempire le voragini lasciate dai maschi.

E così, il numero uno, già in squadra con un numero due donna adibito a colmare le sue lacune, si limita a replicare (o farebbe bene a farlo) questa logica, generando sottogruppi formati da capetti uomini circondati e *coperti* da collaboratrici donne.

All'interno di questi moduli aziendali si riproduce, ovviamente, la solita dinamica: noiosa, irritante, ma funzionale al sistema-azienda come lo è al sistema-coppia e al sistema-famiglia. E cioè: le numero due considerano i capi-maschi stronzi e, per quanto riguarda le proprie specialità (controllo dei rischi e relazioni interne) degli incapaci che non meritano le loro posizioni.

In compenso, a differenza di quanto avviene in famiglia, li ammirano per le loro abilità nelle aree dispari che ruotano attorno all'azione e alla conquista.

In famiglia, questa abilità genera gratitudine per il reddito che genera, ma non ammirazione perché non si vede.

Questa differenza, apparentemente marginale, è in realtà alla base di molti tradimenti e di molte separazioni. Essa spiega infatti gli amori travolgenti tra i capi e le loro segretarie o collaboratrici.

I primi, infatti, ricevono dalle seconde (in tutti i sensi) ciò che le mogli tendono, per le ragioni descritte, a lesinare: il pieno riconoscimento della loro grandezza.

Le seconde capiscono benissimo che i loro capi sono esseri imperfetti, ma almeno li vedono agire, in diretta, da veri capi-branco e a quel tipo di fascino, non possono, per legge naturale, sfuggire. Naturalmente, quando i due si sposeranno in seconde nozze, il fascino del leader svanirà lasciando il posto a un altro tipo di uomo: stronzo come un capo, e idiota come un marito.

Terzo. La competizione si vince con le differenze.

Questa affermazione è certamente discutibile, ma sensata. Si basa sull'idea che la qualità media delle persone sia simile in tutte le aziende e che il buon funzionamento dell'organizzazione sia una condizione necessaria per competere, ma non sufficiente per vincere.

Quindi che cosa serve per vincere?

Un quid di differenza nella visione del management, insomma una qualche genialità del capo.

E qui i maschi cominciano già a essere favoriti.

Perché, direte voi, una donna non può essere geniale come un uomo?

Certo che sì, ma, in generale, fa più fatica a permetterselo.

Perché essere geniali vuol dire essere creativi, innovativi. E la creatività, l'innovazione, comportano una forte dose di aggressività nei confronti della regola vigente, e in generale, dell'esistente e, quindi, la disponibilità ad attraversare un *passaggio nel nulla*, un guado fra vecchio e nuovo, fra passato e futuro, in totale assenza di certezze.

Infatti, per creare il nuovo occorre, prima, distruggere il vecchio. Ma il vecchio è ciò che c'è, è il presente: la realtà. Cioè tutto quello che una donna è chiamata da millenni a proteggere, a preservare.

Per questo, secondo me, ci sono più grandi chef uomini che donne, benché esistano più donne che uomini abili a cucinare.

Perché una donna, per esempio, non metterebbe mai n. 3 ravioli nel piatto: a lei hanno detto che si cucina qualcosa per nutrire qualcuno. E come si fa a darle torto? Il fatto è che agli uomini non l'hanno detto.

Questo spiega anche perché i giocatori di bridge maschi sono più bravi delle donne. La maggiore disponibilità a imparare e applicare le regole mette le donne in una condizione di iniziale vantaggio: sono sempre le migliori nei corsi, anche di bridge. Ma la voglia irresistibile di uscire dai binari e scartare di lato, quella fa la differenza tra il campione e il buon giocatore.

Va comunque ricordato che il diverso rapporto rispetto alle regole comporta nei due sessi vantaggi e svantaggi. Un vantaggio apparente per le donne è l'enorme squilibrio fra maschi e femmine condannati per delitti di ogni tipo. L'ultimo censimento nelle carceri italiane segnala la presenza di due donne per ogni dieci uomini. Vantaggio indubbio ma anche apparente poiché molti delitti maschili hanno una donna come vittima. Senza contare il danno procurato alle compagne di vita per essere finiti in galera.

Un altro squilibrio l'abbiamo sperimentato tutti a scuola: le femmine vanno mediamente meglio dei maschi. Studiano di più, fanno più compiti, tengono in ordine le cose, e stanno più attente in classe.

Ma quando distruggere è necessario per creare, quando il nuovo deve uccidere il vecchio, allora è necessaria una vocazione diversa: un'aggressività, un'indisciplina, un'insofferenza a ciò che è normale e quindi è norma, regola vigente. E questa, da migliaia di anni e miliardi di genomi, è la vocazione del maschio.

Combattere per primeggiare gli ha insegnato che la vittoria di domani è una vittoria *sul e contro il presente*. Su ciò che è normale oggi: il capobranco in carica, la regola sociale di oggi. Perciò vincere coincide con la negazione della norma.

Questo è il meccanismo. E come tutti i meccanismi, può essere usato a fini leciti o illeciti.

Se la norma da negare è una legge, il fine è illecito e la trasgressione si chiama delinquenza.

Ma se la norma da distruggere è una convenzione, un canone artistico, un modello industriale, il fine è lecito e la trasgressione si chiama genio, creatività, innovazione.

Rottura delle regole e cattiveria, creatività e innovazione. Quattro categorie di segno diverso. Ma tutte e quattro, benché ironicamente di genere femminile, decisamente organiche alla natura maschile.

Ecco perché esistono più ladri, assassini, truffatori maschi. Ma anche perché ci sono più artisti o grandi chef, campioni di bridge fra gli uomini che fra le donne. Pur essendo l'arte, la cucina e il gioco delle carte territori non strategici per l'esercizio del potere dell'uomo sulla donna.

Per semplificare esemplificando, quanti scrupoli si sarebbe fatta una donna prima di infliggere a una tela bianca l'offesa di una lama?

E a questo punto, abbiamo un ventesimo principio? Io credo di sì, e lo chiamerei Principio della regolarità inversa, secondo cui:

GLI UOMINI DISUBBIDISCONO ALLE REGOLE GENERANDO INNOVAZIONE.

LE DONNE LE DIFENDONO GARANTENDO AFFIDABILITÀ E SICUREZZA.

PRIMA DI UNA CENA DI FAMIGLIA

LUI *Amore, ho cambiato idea, ho unificato gli appetizer mettendo i gamberoni nella crema di zucca!*

LEI *E tua sorella cosa mangia, che le fa schifo il pesce?*

23. PER UNA DITTATURA
ROSA

Come logica conseguenza di ciò che abbiamo imparato, propongo di interdire i maschi, fino a nuovo ordine, da ogni carica nella pubblica amministrazione. Naturalmente non si tratta di razzismo, perché ogni forma di razzismo è frutto di un pregiudizio. E qui non si tratta di pregiudizi ma, se siete d'accordo con quanto fin qui esposto, di una semplice, banale constatazione di fatto: le donne sono geneticamente più affidabili dei maschi.

Esse infatti sono programmate per gestire, controllare, conservare, proteggere ciò che la natura, e per mere questioni evolutive, la cultura affidano loro. Comprese le norme all'interno delle quali è stabilito che si svolga tale gestione.

Ora, resterebbe da chiarire se in politica sia più importante questa qualità, insomma la qualità fastidiosa ma iper-affidabile delle donne-rompicoglioni, o quella pericolosamente incontrollabile degli uomini-stronzi.

Dal mio personale punto di vista, non dovrebbero esserci dubbi. Lo stato dovrebbe essere l'istituzione più affidabile in assoluto. Lo stato fa le leggi e le fa rispettare, e amministra il bene comune. Dovrebbe essere perciò irreprensibile. Di più, dovrebbe dare l'esempio a tutti i cittadini su come ci si deve comportare nel rispetto delle regole e dei valori condivisi.

Inoltre, la delega del votante, in tempi come quelli attuali in cui il livello di passione e di partecipazione dei cittadini all'amministrazione della cosa pubblica è prossimo allo zero, diventa totale. E in questo quadro di distanze ampie e crescenti tra rappresentato e rappresentante, il tema dell'affidabilità, sempre e comunque decisivo, diventa davvero cruciale.

Per questo, in base a tutto ciò che abbiamo capito fin qui, non c'è dubbio: lo stato dovrebbe essere una donna!

Perciò altro che *quote rosa*: cacciamo i maschi dal Parlamento e dalle giunte di ogni ordine e grado e vedremo precipitare tutti gli indici di corruzione, inefficacia e inefficienza tipici e, ahimè, addirittura organici alla gestione della cosa pubblica. In questo, e non solo in questo Paese.

Per non parlare della giustizia. Qualcuno di voi ha ancora dei dubbi sul fatto che le donne abbiano un maggiore senso di giustizia rispetto agli uomini? Nessuno, credo, e ancor meno, mi auguro, dopo aver letto questo libro.

La giustizia è infatti *il* modo per eccellenza per difendere una comunità. La società dovrebbe stare idealmente tutta quanta dentro i confini stabiliti dalla legge: come in una grande pancia che ha limiti precisi e ben difesi. Per questo la giustizia è donna. Per questo le donne la esercitano meglio degli uomini, perché, come abbiamo visto, la natura ha assegnato ai maschi il compito di creare comunità forti in quanto formate da individui forti, e alle femmine il compito di mantenerle forti proprio in quanto comunità.

Infatti è sotto gli occhi di tutti: le donne-giudice, poliziotto, avvocato sono meglio degli omologhi maschi. Perché le donne, per dna, quando sposano una causa fondata su un codice di comportamento, lo fanno senza *se* e senza *ma*. Capiscono e soprattutto sentono che quel codice è il corrispettivo culturale della loro pancia, e dentro quel codice ci sono tutti gli uomini del loro paese, corrispettivi culturali dei loro figli.

Morale, per amministrare la cosa pubblica, c'è bisogno di rompicoglioni.

Ma allora, quando c'è bisogno di stronzi?

Per esempio, quando c'è bisogno di cambiare. Buttare via tutto, regole, tradizioni, persone, gruppi, tutto. E ricominciare da capo. Discontinuità. Qui ci vuole uno che ammazzi il capobranco e, con lui, rada a zero tutto l'armamentario ideologico del gruppo. Distruggere per creare. Roba da maschi veri.

Vi viene in mente qualcosa? A me la Fiat e il ciclone Marchionne.

24. ALTRUISMO ED EGOISMO

Tema delicato, perché malgrado cent'anni di psicoanalisi, relativismo e incremento del tasso di laicità, è ancora come dire buoni e cattivi.

Per noi altruista è uno che si preoccupa e si occupa degli altri, operando nel loro interesse. Per citare un classico, altruista è uno per cui il prossimo è importante più o meno come lui stesso.

Chiarito questo: sono più altruisti gli uomini o le donne?

Be', la nostra definizione è divisa in tre parti: "preoccuparsi", "occuparsi", "nel loro interesse". Il vero altruista, quello conforme alla esortazione evangelica, è forte in tutte e tre le specialità. Un campione di Triathlon. Detto questo, cominciamo dalle donne.

A prima vista sono più altruiste degli uomini. E forse è semplicemente così. Perché come fa a non essere più altruista il genere che si realizza nella relazione, rispetto a quello che si realizza nell'attività?

Ma andiamo con ordine. Le donne si realizzano nella relazione e, come abbiamo visto, ne sono così ossessionate da diventare/essere delle rompicoglioni: qualità specifica che utilizzano per mantenere il controllo sull'altro e, quindi, conservare la relazione più a lungo e più intensamente possibile, dando così maggiori chance di sopravvivenza agli individui della propria specie.

Perciò è ovvio, anzi, necessario, che si preoccupino degli altri. Moltissimo. Sempre. Insomma, fanno quasi solo quello.

Non sempre, però, lo fanno dal punto di vista dell'altro, mettendosi cioè nei suoi panni di individuo, proprio perché il loro obiettivo prioritario è conservare, proteggere il gruppo di cui fanno parte: coppia, famiglia o azienda che sia.

Perciò le donne, quando si occupano degli altri, sono sempre convinte di essere altruiste, ma lo sono veramente solo se e quando il progetto "sociale" che hanno in mente corrisponde ai bisogni reali degli individui che vi partecipano.

In sostanza, le donne agiscono come quei politici o quei religiosi che hanno un'idea precisa di quale sia la cosa migliore per il loro popolo e quindi tendono a promuoverla con caparbietà, fino a imporla.

Non a caso, gli esportatori di democrazia, gli ayatollah, i missionari sono da molti considerati dei piccoli, medi, o grandissimi rompicoglioni, a seconda dei diversi risultati ottenuti nel rapporto costi/benefici misurato sulla pelle delle popolazioni "colpite". Perché il loro, quando lo è, è un altruismo tipicamente femminile: l'altruismo delle certezze.

Lui, invece, lo sappiamo, nel campo delle relazioni non ha certezze. A volte le simula, per darsi un contegno, ma non ne ha.

Perciò il suo altruismo, al contrario di quello delle donne, non è sistematico, scientifico, organizzato. Intanto è scarso per quantità e frequenza (non dimentichiamoci che uno stronzo è egoista per definizione), e poi è frutto occasionale di una favorevole combinazione di fattori.

Intanto deve succedere qualcosa davanti ai suoi occhi. Lui, infatti, come sappiamo, di solito non pensa agli altri se non in senso funzionale. Insomma può pensare all'amico perché non gli ha ancora chiesto se porta lui il pallone, ma difficilmente pensa all'amico tipo "poveraccio, il lavoro gli va male, chissà se ha avuto l'incontro che il capo gli aveva promesso per oggi". Questi sono pensieri da donne.

Insomma lui non sa essere altruista a distanza. Può esserlo solo al momento del fatto. Come direbbero i colti: *hic et nunc*.

Perciò se suo fratello gli arriva a domicilio con le mutande in un sacchetto di plastica perché è stato cacciato di casa, lui veramente si fa in quattro e gli prepara il letto (ovviamente dopo aver chiesto alla moglie dove sono le lenzuola).

Ma la mattina dopo si rituffa nel lavoro e quando alla sera si ritrova il fratello a casa, per un attimo si sorprende e poi si ricorda: "Ah già: l'hanno cacciato di casa".

Insomma, è vero, il suo altruismo è, diciamo, occasionale, empirico, e in qualche modo obbligato. Ma non forzato o fasullo.

Egli infatti è altruista solo quando non gli fa nessuna fatica, perciò vai, in quei momenti dà il meglio e fa veramente un figurone.

E forse è proprio questa, la soddisfazione di smentire il mondo, unita a quella piccola dose di amore disinteressato che non possiamo negargli a priori, la molla decisiva, capace di far scattare l'altruismo di genere maschile. Scarso come un metallo prezioso, ma, le rare volte che lo trovi, di un buon grado di purezza.

Eccoci dunque di fronte a una nuova regola generale, che definiremo Principio degli altruismi:

LA DONNA È UN'ALTRUISTA SISTEMATICA, PER ECCESSO DI CERTEZZE NEI CONFRONTI DEGLI ALTRI.

L'UOMO È UN ALTRUISTA OCCASIONALE, PER GENERICA DISPONIBILITÀ A SODDISFARE RICHIESTE.

Esploreremo nei prossimi capitoli qualche campo di applicazione.

25. VESTIRE
E POSSEDERE

La prima cosa che fa una nuova partner, dopo aver conquistato la sua preda, è cambiargli il look. Prima di lei, lui si vestiva in un modo in-guar-da-bi-le. *Come si fa ad andare in giro così?* Poi, completata l'operazione: *Ma ti ricordi come andavi in giro PRIMA?*

"Prima" è la parola chiave. Lei deve cancellare il passato: il tempo in cui lui non stava con lei e, quindi, non aveva capito sostanzialmente niente della vita. Il cambiamento di look diventa così il nuovo marchio di proprietà impresso a fuoco sul corpo di lui, ma anche il simbolo evidente del suo pentimento, della sua *conversione*.

Accortamente, la ex viene nominata di sfuggita: incolpare lei del guardaroba di lui equivarrebbe ad ammettere che lui sia, sostanzialmente un manichino. E rivestire un manichino è un passatempo un po' infantile, no? Come giocare con le bambole. Però ogni tanto la battuta scappa, e rivela il senso autentico di tutta la questione. Per esempio, quando lei varia di poco la battuta sulla conversione, che diventa, improvvisamente: *Ma ti ricordi come ti faceva andare in giro QUELLA LÀ?*

26. VITA NUOVA,
NUOVA DIETA

Lo schema è lo stesso. L'altruismo di lei si scatena su un aspetto fondamentale per la salute e per l'aspetto di lui. A seconda delle proprie convinzioni alimentari-salustistiche-estetiche, la nuova *lei* opera un'autentica rivoluzione nella dieta di lui, imponendogli una linea di condotta che non si limita ai pranzi condivisi, ma si estende a una programmazione dettagliata di pause-pranzo, spuntini e cene di lavoro. *Cos'hai mangiato oggi? Bravo! Ma ti rendi conto di come stai meglio adesso? Ma ti ricordi la roba che mangiavi prima?* E, qualche volta, inciampando nella tentazione del colpo di grazia: *ma ti ricordi cosa ti faceva mangiare QUELLA LÀ?*

È altruismo questo? Be', dipende dai risultati. Se lui davvero si sente meglio adesso, probabilmente sì. Ma converrete che questo esito assomiglia più a un accidente che a un obiettivo.

Però intanto gli uomini cosa fanno?

Gli stronzi, naturalmente. Nel senso che, già per conto loro, sarebbero poco inclini a preoccuparsi degli altri. In più, devono difendersi dalle iper-preoccupazioni di lei nei loro confronti, alle quali reagiscono perlopiù vigliaccamente, facendosi nutrire e ri-vestire passivamente e cercando semmai di rinviare il più possibile i pomeriggi dal titolo *Oggi però pensiamo un po' a te perché, dài, non ti si può più vedere conciato in quel modo.* E, come ulteriore forma di difesa, non indossando quasi mai (a volte bisogna farlo per non dichiarare la verità) i capi che lo accusano più apertamente di altissimo tradimento della sua identità e dignità personale.

SPOGLIATOIO DEL CALCETTO

ALE *Ehi, la signora ti ha cambiato look!*

DADO *Ma va', sono stato io, avevo solo roba vecchia.*

CICCIO *Church's lucide a specchio, cappottino attillato... ma il tuo giaccone? L'ha buttato via lei, di' la verità...*

FRA' *E guarda che pancia piatta! Ma ti dà da mangiare?*

DADO *Sicuro, mangio meglio di prima.*

FRA' *Soprattutto, meno.*

ALE *La prossima volta ti portiamo una frittatina...*

CICCIO *E un paio di boxer un po' meno da frocio.*

27. SANGUE
DEL MIO SANGUE

Parliamo di famiglia?

Vincono le donne.

Nel senso, che, dài, sono loro che si preoccupano e si occupano di tutti, lui compreso. E, di norma, veramente, nel loro interesse.

Lei li porta tutti con sé, li tiene dentro, nella sua *pancia-testa-cuore* che non ha limiti di intensità, coraggio, pazienza, volontà. Lei conosce i loro pensieri e *sente* con loro: come e, a volte, addirittura più di loro. Inevitabile che, in questo modo, rischi continuamente di trasformarsi in rompicoglioni, perché non sempre compagno, figli, genitori sono felici che lei pensi e senta *per* loro. A volte ne farebbero volentieri a meno. Però, a proposito di costi e benefici, qui il rapporto, tranne casi di rompicoglionismo, diciamo, terminale, è tutto a favore dei benefici.

Basterebbe pensare a come finirebbe la famiglia se anche la mamma fosse stronza come un uomo.

Una campagna pubblicitaria che vinse un sacco di premi mise in scena proprio questa ipotesi. Il prodotto era uno snack buonissimo, grassissimo, insomma una vera porcheria. Il concetto era, più o meno, "Lo snack che vi darebbe la mamma, se fosse un uomo". Che sintesi.

GENITORI

LEI *Silvia mi ha detto che sono una madre impossibile, che vedo solo i suoi difetti, che la opprimo, la soffoco, le metto ansia, le abbatto l'autostima... ma insomma è vero? Sono un disastro così totale?*

LUI *Ma no, amore, è l'età, dài, è normale!*

LEI *Davvero lo dici?*

LUI *Vabe', magari stalle un po' meno addosso...*

LEI *Lo vedi che lo pensi anche tu? Ma come si fa? Allora non dovevo neanche commentare la pagella?*

LUI *Quale pagella?*

28. LAVORO
E TEMPO LIBERO

Qui parlare di altruismo è veramente fuori luogo. Qui siamo nel campo della negoziazione pura.

L'irrefrenabile, istintivo desiderio di lui di dedicarsi alle proprie attività preferite è visto da lei come un segno di disamore e di sottrazione agli obblighi pratici e affettivi verso la famiglia.

Perfino il lavoro, o meglio quella mezz'ora o quell'ora di ritardo rispetto all'orario normale risulta fra i comportamenti sospetti: avrà avuto davvero daffare o non si sarà invece trastullato con impegni secondari e rimandabili, dimostrando così di preferire alla casa, a lei e alla famiglia perfino il suo posto di lavoro?

Va detto che lei ha le sue buone ragioni per pensarlo. Non tanto perché lui sia davvero così tanto stronzo come lei lo vede (lo è, ma di solito non così tanto!), ma perché lei, nel frattempo, per correre a occuparsi dei figli (ma anche di lui) ha staccato in perfetto orario, dando di nuovo al capo una sensazione del tipo:"Questa alle sei le cade la penna". Non solo, proprio quel giorno, aveva chiesto un permesso di un'ora e mezza per andare a colloquio con la prof di disegno (niente di peggio dei prof delle materie minori che, siccome sono frustrati dalla loro irrilevanza, si vendicano menando votacci a destra e a manca e minacciando di fungere da ago della bilancia nel consiglio di classe). La prof di disegno era pure arrivata in ritardo, e lei era rientrata ventitré minuti dopo la scadenza del permesso dando al capo un'ulteriore scusa per pensare, stronzissimamente: "È tornata Voglia-di-lavorare-saltami-addosso!".

In molti casi, poi, lei ha chiesto e ottenuto il part-time, annullando, in un colpo solo, le sue chance di carriera, la qualità del suo lavoro e la sua autonomia economica.

E lui si trastulla con le mail rimandabili? Eh, no, come diceva Apollinaire: "Accetto il martirio, fino al rogo escluso". Apollinaire, che, in ogni caso, era abbastanza rompicoglioni.

E qui abbiamo parlato di lavoro. Ma c'è anche, o soprattutto, il grande capitolo degli hobby: il calcio, la playstation, ma anche l'antico pokerino, attività che potremmo riunire sotto il nome collettivo "serata fra uomini".

Le serate fra uomini sono all'origine di molti stress. A prescindere dalla loro frequenza. A questo proposito, va comunque notato che in buona parte della provincia (almeno italiana) la frequenza è ancora giornaliera. Sembrerà incredibile a molti di voi, che, in quanto lettori di libri, perdipiù di altissima qualità come questo, appartenete a una ristrettissima élite socio-culturale. Però è così. Ci sono un sacco di posti dove, ogni sera che Dio manda in terra, appena finito di mangiare, l'uomo di casa esce e raggiunge gli amici al bar del paese. Altro che balle. Allora la domanda è: ma se gli uomini evoluti di oggi, metropolitani e politically correct, quelli che non dicono più *negri* e neanche *neri* e neanche *di colore*, ma *afro-americani*, non avessero a fianco donne emancipate coscienti dei loro diritti e quindi infinitamente più rompicoglioni delle loro colleghe di provincia, uscirebbero anche loro tutte le sere?

Lasciamo sospesa la domanda, e continuiamo il ragionamento.

Dicevamo: le serate fra uomini sono all'origine di molti stress.

Le donne sono stressate dalla puntuale conferma che i loro uomini sono degli stronzi, perché non solo se la passano molto meglio di loro durante la giornata, potendosi concentrare esclusivamente sul loro lavoro, full-time e meglio remunerato, ignorando qualsiasi incombenza legata ai figli e alla casa e, cacio sui maccheroni, dimenticandosi che lei ha ritirato il pap-test. Non solo. Alla sera, quando escono con i loro amici, se lei si permette di farlo notare, pretendendo almeno un orario decente di rientro, alzano gli occhi al cielo, assumono le sembianze delle vittime e le comunicano, con l'inequivocabile linguaggio del corpo: "Sei la solita rompicoglioni".

In effetti è quello che pensano, delle proprie compagne, tutti i partecipanti alla serata fra uomini. Non lo dicono neanche, perché lo danno per scontato. Nell'aria, c'è molta solidarietà sul tema. Ma l'alleanza si spezza quando uno se ne va prima. Allora lui diventa il parafulmine su cui si scaricano tutte le frustrazioni degli amici, stressati dalle loro compagne, a casa (forse...) col muso, e dalla propria incapacità di gestire la questione, una volta per tutte, a viso aperto, affermando le proprie ragioni e ascoltando quelle di lei.

Allora il rincasatore prematuro diventa un'occasione imperdibile per sentirsi un po' meno vigliacchi. Perché il vigliacco è lui: quello che gioca la partita, ma poi non va con la squadra a mangiare la pizza!

Il poveraccio va via fra gli insulti, ma non può farci niente: deve andare. E mentre rientra, il suo cuore è combattuto fra il sentirsi il più vigliacco, vittima di una implacabile rompicoglioni, o il meno stronzo, capace di intuire, se non proprio capire, i sentimenti di lei.

Poi, vabe', ci sono gli eccessi. Che però contano, perché concorrono alla cristallizzazione degli stereotipi.

In una coppia di amici, lui giocava da portiere in una squadra di calcio. Ogni mercoledì, una partita. A un certo punto si fece un'amante e sfruttò l'impegno del mercoledì sera per stare con lei, tradendo così contemporaneamente la moglie e la squadra. Prima di rientrare, però, aveva il problema di sporcare la divisa non utilizzata sul campo. Naturalmente, il fatto di essere un portiere, complicava le cose: difficile restare puliti quando il tuo mestiere è buttarti per terra. Però, come si dice, a ogni problema corrisponde un'opportunità. Il nostro eroe capì che, essendo portiere, poteva esagerare senza destare sospetti. Così cercava una bella pozzanghera e ci buttava dentro tutto il contenuto della borsa (maglia, pantaloncini, mutande, calze e scarpe) strofinando ogni capo per bene nel fango.

Fu beccato quando, fermatosi in una stazione di servizio, scambiò per acqua piovana una grande chiazza di gasolio. Si narra che lei ne approfittò per accendere un grande fuoco purificatore.

Un altro istruttivo esempio ci è fornito da una specie di club virtuale a cui i giocatori di golf maschi degli Stati Uniti possono iscriversi gratuitamente, potendo così confrontarsi in una classifica che non ha niente a che vedere con il livello del loro golf. I punti vengono infatti conquistati quando un membro va a giocare sottraendosi a un dovere personale. È interessante notare che giocare in un giorno feriale saltando una mattina o un pomeriggio di lavoro non assegna alcun punto, mentre il massimo score viene conquistato da chi va in campo mentre la moglie partorisce.

DUE AMICI AL TELEFONO

CARLO *Ho detto a Chiara che vengo a giocare anche domani sera.*
GUALTIERO *E lei?*
CARLO *Ha detto che d'ora in poi, ogni tre partite va a letto con un altro.*
GUALTIERO *Giusto, ti ricordi da piccoli? Ogni tre corner, un rigore.*

29. MADRI
E PADRI

Gli uomini, con i figli, sono stronzi come con le compagne. Nel senso che tendono a non occuparsene. La frase tipica dei figli quando ricordano il padre è: "Non c'era mai". La frase tipica a proposito della madre non esiste, ma se ci fosse sarebbe: "C'era troppo". Perché lei rompe i coglioni a loro, come a lui.

La stronzità, cioè la distanza irritante fra lui e i suoi figli è, ovviamente, simmetrica e opposta alla claustrofobica vicinanza fra gli stessi figli e lei.

Lei ci passa più tempo, ma soprattutto vuole sapere e sa tutto di loro: dall'orario delle materie scolastiche agli amici, alle mamme dei loro amici. Lei sa sempre cosa è male e cosa è bene per loro. Come al solito, non ha dubbi. Sa cosa devono mangiare, vestire, mettersi, togliersi, se devono correre o camminare, fare presto o prendersela comoda, portare i fiori o il gelato, telefonare o smettere di telefonare, usare il computer o guardare la televisione, svegliarsi presto o dormire di più, fare sport, quale sport, quanto sport. Lei lo sa. Loro sanno che lei lo sa. E questo dà loro un'enorme sicurezza. E un'ansia pazzesca.

Lui ci passa poco tempo, ma, soprattutto, non sa quasi niente di loro. Si dimentica in che classe stanno, non conosce i professori, non vede come si vestono, non sa i nomi dei loro amici, con chi esattamente passeranno il weekend, quando avranno il compito di matematica. Non si accorge se sono ingrassati o dimagriti ed è l'ultimo a sapere se sono fidanzati, con chi e da quando. Lui non sa. Loro sanno che lui non sa. E questo instilla in loro un bel po' di delusione e di malinconia. E un gran senso di libertà.

Ma questa non è solo un'ulteriore prova di stronzaggine e rompicoglionità dei due individui in versione genitori. Ne è anche un ulteriore, ottimo pretesto. Infatti i nostri due amici non mancheranno di discutere sull'argomento disponendosi nella solita formazione: stronzo contro rompicoglioni. Lui, infatti, cercherà di evitare vigliaccamente la discussione. Poi, con le spalle al muro, farfuglierà negando genericamente le proprie colpe e, soprattutto, cercando di far durare la conversazione (che lui vive come un processo) il meno possibile. Anche perché quella sera c'è la Champions.

Lei, invelenita ulteriormente dalla reazione di lui, andrà oltre i limiti di una corretta lamentela, trasformandolo gradatamente in un autentico mostro, che non ha mai amato né lei né i suoi figli e che sta in quella casa solo per mangiare, dormire e, quando gli va, scoparsi la sua bella mogliettina.

30. SEPARATE
E SEPARATI

Si diceva che alla donna interessa la conservazione del gruppo. Naturalmente, il *suo* gruppo, perciò la sua famiglia. Famiglia che comprende un compagno, ma non necessariamente *quel* compagno. Figli e genitori sono, infatti, il suo sangue. Il compagno, quando lei lo percepisce come *uomo della sua vita*, appartiene alla stessa categoria. Magari un passo dietro ai figli, ma, insomma, è famiglia anche lui.

Solo che c'è differenza tra fatti e percezioni. E la percezione "quest'uomo, essendo l'uomo della mia vita, fa parte della mia famiglia ed è virtualmente, anche lui, sangue del mio sangue" può finire. Di solito, per sostituzione. Ora c'è un altro uomo. Lui ha vinto, ha battuto e cacciato il capobranco. È più forte, più figo, più tutto. Perciò lei, semplicemente, non può sfuggirgli, pena il tradimento della propria missione nel mondo. Che è molto peggio che tradire una persona, il vecchio compagno. Ed è anche molto peggio che far soffrire i figli, cacciando di casa il loro papà. Perciò si può, anzi, si deve fare.

In questo caso la donna diventa tremendamente egoista, perché la sensazione fortissima (e corretta) di compiere una scelta inevitabile, in qualche modo più grande di lei, che passa sopra la sua testa (questa espressione vi ricorda qualcosa?) la esonera di colpo da molti dei suoi normali scrupoli, impegni, doveri nei confronti dei componenti della sua famiglia. Perché, semplicemente, la sua famiglia è cambiata: adesso è quella nuova (l'unica che conta, l'unica possibile, l'unica *vera*) a dover essere protetta e difesa. Anche a costo di qualche sofferenza da parte dei suoi componenti. Piccola o grande che sia.

Un punto per gli uomini? Non ancora.

Normalmente anche gli uomini, infatti, lasciano la famiglia per puro egoismo.

Ovviamente lo fanno in un modo diverso. Più timido, incerto, vigliacco. Anche in loro è la natura a comandare. Devono scegliere una femmina. E non è il loro mestiere. Anzi, è proprio contro natura. I mammiferi maschi devono solo preoccuparsi di essere i più forti. Devono vincere la gara con gli altri maschi per ottenere il diritto di accoppiarsi. Fine. Perciò che cosa c'entra scegliere una donna? E, soprattutto, come si fa?

E poi c'è la questione dei figli. Gli uomini, se si separano, li perdono. Le donne no. Va bene, i weekend, i viaggetti, però, dài, non è come fare colazione insieme tutte le mattine con le cispe negli occhi, e muoviti che facciamo tardi a scuola.

Infine, non avendo il comando supremo della missione naturale dalla loro parte, quello che fa sentire le donne dalla parte del giusto, sia che lascino la famiglia, sia che lottino per conservarla, sia che infieriscano su chi l'ha distrutta, gli uomini sono martoriati dai sensi di colpa.

Però, insomma, fatti loro. La separazione in sé, non fa pendere la bilancia dell'egoismo da una parte o dall'altra. Ma come la mettiamo con il *dopo*?

Nel dopo, diciamolo subito, chiaro e tondo, sono meglio gli uomini.

Con ordine. Normalmente chi si comporta peggio è il lasciato. Femmina o maschio che sia. Ragione ovvia: è incazzato, umiliato e, nella sua "privilegiata" condizione di vittima, può permettersi, dal suo punto di vista, ogni nefandezza.

Ma i maschi lasciati si comportano male in una scala che dipende dal soggetto. Le donne lasciate, invece, vanno quasi tutte *fuori scala*, perché per loro è una questione di genere.

In altre parole, gli uomini si comportano più o meno male perché sono esseri umani, le donne si comportano malissimo perché sono donne.

Come abbiamo visto, infatti, se le donne lasciano, non pensano di distruggere la loro famiglia. Nel loro cervello atavico, infatti, la famiglia vera è già diventata quella nuova che, come prescrive la loro istruzione millenaria, è formata dai loro figli e, quando c'è, dall'unico maschio che ha il diritto di fecondarle. Colui che, in questo caso, corrisponde al loro nuovo amore. Perciò, se succede, pilota automatico, poco stress e grande comprensione per il vecchio compagno che, improvvisamente, assume le sembianze di un brav'uomo che "chissà come facevo a pensare di amarlo".

E siccome non risiede più nella sua "pancia", lei non gli rompe nemmeno più tanto le palle. Sempre che non faccia troppo lo stronzo, naturalmente.

Ma se è lei a essere lasciata, be', allora cambia tutto.

Perché, dal punto di vista di lei, lui ha deciso, per seguire i suoi istinti bestiali, di distruggere il senso del mondo e della vita: la famiglia, quella vera, in quanto ancora composta da lei, dai suoi figli e dal suo maschio vincente.

Questo danno è irreparabile e definitivo. Ora la famiglia non esiste più, per cui non solo si può e si deve infierire su di lui, con attacchi diretti (economici e personali), limitando il suo diritto al tempo con i figli e screditandolo ai loro occhi a ogni reale o fittizia occasione, ma si può anche ignorare il danno procurato dal proprio comportamento ai figli stessi perché (so di dire una cosa pesante) non fanno più parte della famiglia, in quanto la famiglia non c'è più.

Come al solito, non è colpa loro. Lo dimostra il fatto che fanno (quasi) tutte così. Anche le nuove compagne, che si compiacciono nel rilevare la malvagità delle odiate *ex* dei loro compagni, e che in piena sincerità e buona fede considerano inconcepibili e insensate le loro trame velenose, a ruoli invertiti avrebbero sentito, pensato e agito allo stesso modo. D'altronde, perfino le loro povere rivali sconfitte avevano giudicato con assoluta e convinta riprovazione le gesta di altre donne abbandonate, quando ancora dormivano serenamente accanto all'uomo della loro vita.

31. NONNI
E NONNE

Fin qui, perché la storia non finisce con i figli un weekend di qui e un weekend di là. I figli si sposano, o vanno a convivere, o a vivere da soli. Insomma, presto o tardi (più tardi che presto) escono di casa. Ed ecco che i due generi, maschile e femminile, rispettivamente quasi nonno e quasi nonna, assumono nuovi atteggiamenti e comportamenti che, però, guarda caso, si attestano di nuovo su lati simmetrici e opposti.

I *Quasi-Nonni-Stronzi*, se i figli sono felici, hanno sostanzialmente compiuto un notevole passo avanti verso la propria piena realizzazione, che infatti, come sappiamo, consiste nel farsi totalmente i fatti propri.

Essi, finalmente, possono azzerare ogni senso di colpa nei confronti dei figli che immaginano giustamente appagati e occupati dalla convivenza con il proprio partner. O, a maggior ragione, dalla loro indipendenza, se sono andati a vivere da soli. Magnifico: è il momento di dare ulteriore spazio alla propria stronzità, senza che nessuno se ne accorga. Con un ulteriore vantaggio: la rompicoglioni, come vedremo, ha nuove priorità!

Perciò lui, che già tendeva a dimenticarsi le date delle partenze dei figli per viaggi e weekend, ora, non di rado, non sa letteralmente dove siano. Tanto lo sa lei. Lei che, a volte per giustificarlo, altre per inchiodarlo alla sua perenne inferiorità affettiva, commenterà con i figli con noncuranza o con acidità: "Lo sai com'è fatto papà". Intanto sta pensando: "Lo sai come sono fatti gli uomini".

E ha ragione.

La *Quasi-Nonna-Rompicoglioni*, dicevamo, ha diverse priorità. In realtà, se la sta passando male. E bisogna capirla. È stata programmata per tenere tutti dentro, tutti sotto controllo, in una specie di *pancia culturale* rappresentata dalla casa e dalla famiglia. Quindi, ora, la sua sicurezza vacilla. Non sa bene come deve sentirsi. Da un lato, infatti, i figli la adorano: hanno pianto andandosene di casa, sono e saranno sempre i suoi bambini. Dall'altro, è inoppugnabile che se ne siano andati. Diciamolo: l'hanno abbandonata. Comunque, mettetela come volete, non sono più lì. Per cui, per riuscire a sentirsi ancora in pace con le regole ereditarie del suo sviluppo mentale, la quasi-nonna deve compiere uno sforzo psichico pazzesco: allargare la sua pancia simbolica fino a includere la nuova casa del figlio.

Ciò che ne consegue è vita quotidiana di quasi (aggiungo sempre questo avverbio per un doveroso rispetto delle minoranze) tutte le famiglie, almeno italiane: lei che mette il becco sull'arredamento, sul disordine, sulla cura delle piante e, soprattutto, sull'alimentazione. Perché è quella la cosa che, assieme a una casa, assomiglia di più a una pancia: il nutrimento, il cibo.

Ecco perché sono leggendarie, o meglio (non prendiamoci troppo sul serio) proverbiali le critiche e le incursioni in questo campo della suocera verso la nuora. Perché una figlia che va a vivere da sola cambia una sola pancia: la casa. Mentre un figlio le cambia tutte e due: la casa e la pappa.

E questo è il modo pratico, concreto con cui lei continua, aggiornando la strategia ai nuovi scenari, la sua opera di rompicoglioni. Un modo pessimo, ma almeno dichiarato, evidente, a suo modo coraggioso. Ma c'è anche il modo subdolo, viscido e strisciante: il senso di colpa.

Ora lei è la povera mamma sola (vabe', c'è ancora lui, per quei pochi annetti prima di diventare vedova, ma "lo sai com'è papà") e i suoi bambini grandi potrebbero chiamarla un po' più spesso per farle compagnia, potrebbero ogni tanto accompagnarla a fare la spesa, potrebbero invitarla a pranzo anche loro che ogni domenica arrivano e credono di sdebitarsi con due cannoncini, e invece no, si fanno i fatti loro, si sono già dimenticati della loro mamma con tutto quello che lei ha fatto per loro.

Il senso di colpa: un'arma potentissima per tenersi vicini i propri cari infischiandosene totalmente del loro bene. Un'arma che lei conosce a memoria, avendola alternata ad altre dal primo giorno in cui ha avuto una famiglia, ma che diventa l'arma principe, la sua vera *killer application,* dal momento in cui la sua famiglia inizia a disperdersi nel mondo.

Intanto lui, seduto dietro il giornale nell'inconsapevole attesa di un ictus, scrolla la testa: "Ma lasciali in pace, che vivano la loro vita, ormai son grandi". Un po' lo pensa, un po' teme che si fermino anche la domenica pomeriggio, proprio quando lui vuol starsene su Sky dalle quattordici alle venti per vedere le dirette, le interviste, la moviola, i campionati stranieri e, per una quindicina/ventina di volte, la rassegna dei gol.

Ma ora non temete, non vi lascerò, al termine di una sezione così delicata, senza l'abituale, rassicurante, inossidabile principio, capace di fissare tutto questo in una frase che resterà scolpita nella vostra memoria e, soprattutto, vi sarà preziosa per troncare con folgorante e lucida capacità di sintesi, le prossime, ennesime, sterili questioni su chi è più buono e chi è più cattivo.

Perciò, eccolo, il ventiduesimo principio della diversità, che chiameremo Formula degli egoismi e degli altruismi differenziati:

LE DONNE PER ALTRUISMO DANNO E PER EGOISMO PRETENDONO.

GLI UOMINI PER ALTRUISMO NON PRETENDONO E PER EGOISMO SE NE FREGANO.

IL PRIMO AUTUNNO SENZA PIÙ FIGLI IN CASA

NONNA (lascia un messaggio alla segreteria telefonica della figlia):
Ludo, tesoro... volevo solo dirti che va tutto bene... piove ma devo
andare lo stesso a fare la spesa e con questo traffico non prendo certo
la macchina... comunque non c'è problema vado a piedi, vabe', dovrei
prendere l'acqua ma semmai faccio a meno, berremo quella del rubinetto,
al papà non gli verranno mica i calcoli per una volta... comunque se non
hai proprio niente da (BIIIIP!).

NONNO Ti accompagno io a fare la spesa...

NONNA Ma no che alla Ludo fa piacere...

NONNO Se esci ricordati l'acqua.

32. FEMMINISMI
E MASCHILISMI

Ma allora, se tutto questo fosse vero, e, andiamo, sembra proprio che lo sia, che cosa dobbiamo pensare del femminismo e del maschilismo? Che posizione dobbiamo assumere?

La mia tesi al riguardo è che viviamo in un mondo che non è a misura d'uomo, ma di uomini. Tradotto col nostro nuovo, semplice, illuminante dizionario: un mondo da stronzi.

La ragione è fin troppo ovvia: fino adesso hanno comandato i maschi. Perciò il mondo che hanno creato puzza di maschio un po' in tutti i campi.

Luce Irigaray è, a mio modesto avviso, la femminista che l'ha capito e spiegato meglio di ogni altra.

Per esempio, lei dice che tutto, anche il pensiero, perfino la ragione ha preso nei secoli una piega maschile, diventando un'arma violenta utilizzata dagli uomini per imporre verità confezionate, funzionali all'esercizio del loro potere. Su altri uomini, e sulle donne.

Quindi il femminismo deve stare molto attento a non ricercare l'uguaglianza (se non, naturalmente, nei diritti), altrimenti, mentre prova a liberarsi dal potere materiale dei maschi, la donna rischia di assoggettarsi ancor di più al loro potere immateriale costituito dal modo maschile di essere, di vivere, di pensare e di agire. Insomma, mentre si liberano dal potere di individui maschi identificati e concreti, si incatenano interiormente, uniformandosi all'ideologia e alla natura del genere maschile nel suo insieme. Bel disastro.

In effetti a me pare proprio così. Che il mondo abbia, oggi, una logica maschile, credo sia evidente a tutti. E utilizzare le nostre recenti riflessioni può aiutarci a vederlo ancora meglio.

Il lavoro, per esempio. Abbiamo già spiegato che gli uomini sono avvantaggiati nel loro percorso verso il potere perché geneticamente programmati a conquistare quei pochi posti che stanno in cima alla piramide di una gerarchia. Una volta era il branco, ora è un'istituzione, o un'impresa. Solo che abbiamo dimenticato di farci una domanda: come mai le istituzioni e le imprese sono organizzate come i branchi? E perché i mercati sono come savane in cui i vari branchi si sfidano per la conquista del territorio? Perché l'economia è basata sui concetti di sviluppo, crescita, ricerca e innovazione e non di conservazione, stabilità, consolidamento e valorizzazione dell'esistente? Risposta ovvia: perché tutte queste cose le hanno inventate i maschi. È come se, non so, le squadre dei Grossi e degli Alti dovessero competere in uno sport ancora da inventare e si decidesse che le regole le fanno i Grossi. Secondo voi che sport nascerebbe: la lotta libera o il salto in lungo?

Perciò, la nostra umile raccomandazione al sesso debole (non è una disattenzione o un arcaismo: è una scelta terminologica deliberata perché le donne sono ancora, per tutto ciò che stiamo dicendo, e non solo, più deboli dei maschi) è di aggiustare il tiro. In poche parole: siate un po' meno rompicoglioni con i maschi (che possono migliorare moltissimo, ma non possono, né dovrebbero, se non lo vogliono, smettere di essere maschi) e molto di più con la maschilità: è lei la vera stronza che, mentre vi fa credere di lasciarvi libere in nome della modernità, continua a violentarvi, costringendovi a essere sempre più maschi, per potervi adattare con successo a un mondo ideologicamente e strutturalmente maschile. E utilizzandovi, in questo modo, per riprodurre quel mondo, mantenendolo com'è.

Se esistesse il progetto di un mondo più femminile, cioè ripensato nei fondamenti ideali e nelle conseguenze operative da un punto di vista non maschile, io credo che si potrebbe finalmente parlare di quel nuovo, invocato modello di società capace di superare i limiti morali del capitalismo e quelli democratici dei suoi avversari tradizionali.

Insomma, l'idea, parafrasando un vecchio slogan femminista, di un mondo né stronzo né rompicoglioni: solo umano.

Quanto agli uomini, credo siano maturi i tempi per la nascita di un movimento che definirei post-maschilista. "Post" per distinguerlo dal maschilismo classico, ottuso, sessista: il maschilismo che vuole donne sottomesse, carine e cretine. Niente di tutto questo. Però, un maschilismo simmetrico al femminismo, che rivendichi semplicemente il diritto di essere maschi e di esprimere liberamente, a parole e a fatti, la propria maschilità, alla faccia di moralisti e rompicoglioni, perché no?

Per esempio, basta con gli anatemi su chi va a prostitute (ci vanno anche i lemuri!), guarda materiale pornografico, o frequenta locali che non a caso i perbenisti definiscono "equivoci". Basta. Siamo nel Duemila. I moralisti si occupino finalmente di chi fa del male a qualcuno e non di chi ferisce solo le loro anime frustrate.

Basta rovinare mezza serata a chi va a giocare a pallone chiedendogli, almeno, di non restare con la squadra a mangiare la pizza!

E soprattutto basta con le ex mogli che pretendono di umiliare e punire gli ex mariti per tutta la vita per il fatto di aver lasciato donne che ora dimostrano, con il loro comportamento, di averlo pienamente meritato.

Insomma, ci vorrebbero un femminismo e un maschilismo capaci di combattere non per affermare uguaglianze impossibili (se non quella dei diritti e delle opportunità, naturalmente), ma per difendere differenze di pensiero, di sentimento e di azione indispensabili per la felicità di ognuno e, come abbiamo visto, anche per la conservazione della nostra specie.

Ci vorrebbe, cioè, un bipolarismo sessuale che garantisse equilibrio di potere e mantenimento ecologico della bio-diversità fra uomini e donne.

Per tornare al nostro tema, e anche per non rischiare di prenderci troppo sul serio, ci vorrebbero due partiti, il Partito degli Stronzi e il Popolo delle Rompicoglioni, capaci di confrontarsi duramente e civilmente all'ombra di due valori comuni: l'accoglienza della diversità altrui e una sana, potente, irrinunciabile dose di autoironia.

33. CONSIGLI
INUTILI

Non voglio sottovalutarvi, ma sono realista: intervenire su una condizione che la natura ha progettato all'inizio dei tempi e replicato per milioni di anni non è come modificare la ricetta del budino di castagne. Comunque, non si sa mai.

Innanzitutto darò consigli limitati all'area dei comportamenti. Diffidate da chi vi consiglia di *essere* meno così o di *sentirvi* meno cosà. Non si può intervenire sui sentimenti, sulle passioni, sugli istinti. Se non con la chirurgia o con decenni di psicoanalisi fatta bene.

Per questo motivo, non si può giudicare nessuno per le sue pulsioni. Nemmeno un pedofilo può essere giudicato per il fatto di esserlo, cioè per il suo tipo di pulsione o di desiderio.

Però, vivaddio, si può intervenire sui comportamenti. E anche giudicare qualcuno per i suoi comportamenti non solo è lecito, ma a volte, come nel caso del pedofilo che mette in pratica i suoi desideri, è doveroso.

Inoltre, darò consigli limitati all'area delle relazioni personali. Non credo infatti che vi interessino, data la sede, consigli di management, di tattica sportiva o di cucina naturale.

Esaurita la doverosa premessa (coi consigli bisogna sempre andarci molto cauti) le due raccomandazioni per l'uomo e per la donna, ovviamente simmetriche e opposte come tutto ciò di cui abbiamo parlato, non possono che essere le seguenti:

UOMINI, SFORZATEVI: FATE DI PIÙ.

DONNE, FRENATEVI: FATE DI MENO.

Gli uomini, infatti, in quanto stronzi, cioè scansatori di impegni e di responsabilità interpersonali, tendono a fare poco, pochissimo, o comunque troppo poco rispetto alle aspettative soggettive delle persone a loro vicine e anche, va detto chiaramente, rispetto alle responsabilità oggettive ascritte al loro ruolo di partner, figli, genitori e così via.

Allora, cari uomini, fate qualcosa per fare di più. Se non vi viene (e non vi viene) naturale, usate degli stratagemmi, delle tecniche di supporto. Qualche esempio? Be', un tipo che conosco, uno che fa dell'onestà intellettuale un vero e proprio punto d'onore, ha messo la sveglia al telefonino a tutte le ore piene: nove in punto, dieci in punto, e così via. Ogni volta che suona, cioè ogni sessanta minuti, lui dedica un pensiero, un progetto, una telefonata a una persona amata, o amica.

Sarebbero tipo dodici volte al giorno. Ma siccome spesso non ce la fa perché è in una riunione di lavoro o si sta lavando i denti, o, insomma, sta facendo qualcosa che non può o non vuole interrompere, invece di dodici diventano otto, sei, cinque. Ehi, amici, cosa pretendete, è sempre meglio di niente!

E voi, carissime donne, fate qualcosa per fare di meno. Lo so, è difficile, quando si sa tutto di ognuno, e lo si sa così bene, così intimamente, onestamente, profondamente, quando si partecipa a ogni palpito del cuore di tutti e di questo si soffre e si gioisce, perché di questo si vive, ah, com'è difficile trattenersi dal buttar-

cisi dentro a capofitto con analisi, sfoghi, prediche, rivendica-
zioni, lamenti, trucchi e sotterfugi, trappole, anticipazioni, sor-
prese e interessamenti.

Vabe', però provateci. Provate a convincervi che non sempre intervenire è la scelta giusta. Liberatevi dal dogma secondo cui è sempre meglio dire le cose, tirarle fuori, metterle sul tavolo, affrontarle
insieme. Non sempre. A volte un silenzio, una carezza, un sorriso
sono più che sufficienti. E andare oltre quel delicato confine segna-
to dalla discrezione, dove la distanza non è disinteresse ma una diversa forma di accoglienza, fa più male che bene.

Insomma, uomini e donne: nessuno può chiedervi di *essere* meno
stronzi e meno rompicoglioni. E sparate liberamente su chi lo fa, perché, prima di essere fastidioso, è un vero cretino.

Però è lecito chiedervi di *fare* un po' meno gli stronzi e un po' meno
le rompicoglioni. Non sparate su chi ve lo chiede: lo fa, perché, oltre
a esprimere una richiesta plausibile, forse vi sta dicendo che, adesso, veramente, non ce la fa più.

CONCLUSIONI

Credo che le conclusioni le abbiate già tirate voi.

La mia sintesi? C'è poco da fare. Essere stronzi è nella natura degli uomini quanto essere rompicoglioni lo è nella natura delle donne.

Ma a ben guardare il problema è anche la sua soluzione.

Vale a dire che una volta accettato questo dato di fatto, forse potremmo e dovremmo smetterla di accusarci reciprocamente di essere quello che siamo.

Perché una volta che ci si è capiti, di solito, si smette di giudicarsi.

L'essere più saggio che abbia mai conosciuto un giorno disse questa grande frase: *gli stronzi sono quelli che non abbiamo voglia di capire*.

Per puro scrupolo, prima di concludere questo libro, gli ho chiesto se valesse anche per i rompicoglioni. Si è messo a ridere, certo che sì. Ecco dunque apparire la nostra regola suprema e definitiva, che definiremo Teorema della saggezza risolutiva:

**GLI STRONZI
SONO QUELLI CHE NON ABBIAMO VOGLIA DI CAPIRE,
E QUINDI DI AMARE.
IDEM PER LE ROMPICOGLIONI.**

Ma se non ve la sentirete di raggiungere questo stato di consapevolezza assoluta perché vi sembra uno sforzo eccessivo, non c'è problema, continuate così.

Non farete che interpretare il ruolo che il disegno intelligente alla base dell'universo ha ritagliato per voi: come quando un lombrico ingoia la terra per scavarsi la tana o un anellide marino usa le ciglia per spostarsi nell'acqua, come fossero i remi di un pattino.

In ogni caso sapete bene che, dopo questo libro, nulla sarà mai più davvero come prima. Perché mentre darete dello stronzo al vostro compagno o della rompicoglioni alla vostra donna, d'ora in poi vi sentirete un po' più buffi, come se foste lì, in riva al mare, a sgridare le onde.

TAVOLA DEI NUOVI PRINCIPI
DELLA DIVERSITÀ

1. PRINCIPIO BASE

Gli uomini sono stronzi.
Le donne sono rompicoglioni.

2. PROPRIETÀ DEL PEGGIORAMENTO RECIPROCO

La rompicoglionità delle donne
aumenta la stronzaggine dell'uomo.
E viceversa.

3. PRINCIPIO DEI TEMI DISCORDANTI

Le donne parlano di persone.
Gli uomini parlano di fatti.

4. PROPRIETÀ RECIPROCA DEL PEGGIOR DIFETTO

La principale caratteristica di ciascun sesso
è il peggiore difetto per il sesso opposto.

5. FORMULA PROPORZIONALE DELL'AMORE

*La rompicoglionità di una donna verso il suo uomo
è direttamente proporzionale al suo amore per lui.
La stronzaggine di un uomo verso la sua donna
è inversamente proporzionale al suo amore per lei.*

6. PRINCIPIO DELLE ISPIRAZIONI CONTRARIE

*La vita delle donne è ispirata al controllo.
La vita degli uomini è ispirata alla sperimentazione.*

7. PRINCIPIO DEI MANDATI ECONOMICI

*Le donne hanno tutto da perdere.
Gli uomini hanno tutto da guadagnare.*

8. PRINCIPIO DELLE REALIZZAZIONI SPECIFICHE

*Le donne si realizzano nella relazione.
Gli uomini si realizzano nell'attività.*

9. EQUIVOCO SULLA PRECOCITÀ E SUL RITARDO

*Le donne appaiono più precoci degli uomini perché,
da piccoli, le relazioni valgono più delle attività.*

10. REGOLA DEI TEMPI DI SVILUPPO

*Le bambine sono rompicoglioni in atto.
I maschietti sono stronzi in potenza*

11. REGOLA PROSPETTICA DELL'ACCOPPIAMENTO

*Per le donne il sesso è una forma di relazione
che implica un'attività.
Per gli uomini il sesso è un'attività
che implica una relazione.*

12. REGOLA PROSPETTICA DEGLI ORGASMI

*L'orgasmo per la donna è un inizio.
Per l'uomo è una fine.*

13. REGOLA PROSPETTICA GENERALE

*L'uomo è per la donna una persona dotata di un corpo
desiderabile.
La donna è per l'uomo un corpo appartenente a una persona
adorabile.*

14. PRINCIPIO DI UTILITÀ DEGLI ORGASMI

*L'orgasmo maschile è funzionale alla riproduzione.
L'orgasmo femminile, no.*

15. DINAMICA DEI PIACERI E DEI DOVERI

*Le donne vivono il sesso come un piacere
e, talvolta, come un dovere morale verso il maschio.
Gli uomini vivono il sesso come un piacere
e come un dovere naturale verso se stessi.*

16. REGOLA DELLE IDENTITÀ INCROCIATE

*L'identità di un uomo si definisce nel fare
e si rafforza nello stare con una donna.
L'identità di una donna si definisce nella relazione
e si rafforza nello stare con* quell'uomo.

17. PARADIGMA DELLE GELOSIE

*La gelosia maschile scaturisce da una crisi di ruolo.
La gelosia femminile da una crisi di identità.*

18. PRINCIPIO TELEOLOGICO DEI TRADIMENTI

*Le donne tradiscono contro.
Gli uomini tradiscono per.*

19. PRINCIPIO DI DISTRIBUZIONE DELLA RAZIONALITÀ E DELL'EMOZIONE

*Uomini e donne ragionano e sentono in modo simile, ma con
obiettivi diversi.*

20. PRINCIPIO DELLA REGOLARITÀ INVERSA

*Gli uomini disubbidiscono alle regole generando innovazione.
Le donne le difendono garantendo affidabilità e sicurezza.*

21. PRINCIPIO DEGLI ALTRUISMI

*La donna è un'altruista sistematica,
per eccesso di certezze nei confronti degli altri.
L'uomo è un altruista occasionale,
per generica disponibilità a soddisfare richieste.*

22. FORMULA DEGLI EGOISMI E DEGLI ALTRUISMI DIFFERENZIATI

Le donne per altruismo danno e per egoismo pretendono.
Gli uomini per altruismo non pretendono
e per egoismo se ne fregano.

23. TEOREMA DELLA SAGGEZZA RISOLUTIVA

Gli stronzi sono quelli che non abbiamo voglia di capire, e quindi
di amare. Idem per le rompicoglioni.

N03188

Arnoldo Mondadori Editore S.p.A.

Questo volume è stato stampato
presso Mondadori Printing S.p.A.
Stabilimento Nuova Stampa Mondadori - Cles (TN)

Stampato in Italia - Printed in Italy